U0066948

永不放棄

史記文化事業有限公司
Shi Ji Cultural Co., Ltd.

目次

卷三　原點

龐建國先生於民國 111 年 1 月 11 日悲壯辭世，為了感念他畢生奉獻社稷，致力推動兩岸和平，龐建國先生的故舊門生組成了紀念文集編輯委員會，由龐建國夫人邱秀珍女士擔任總策劃，邀集至親好友透過撰寫紀念文，一起追憶龐建國先生精彩的一生。

編委會經過數月的籌劃，戮力完成本書，並決定在 11 月 12 日國父誕辰紀念日出版。之所以挑選這個有意義的日子，是為了彰顯龐建國一生研究與發揚孫中山思想所做出的貢獻，也為了紀念他仿效國父歷經十次革命失敗仍努力不懈，永不放棄的精神！

龐建國先生從美國布朗大學取得博士學位歸國後在台大任教，適逢台灣解嚴，除了作育英才，也積極參與國民黨青年工作以及各項社會運動，面對李登輝執政後產生的認同迷惘及黑金泥淖，他實際投入選舉，獻身改革。而他除了著作等身，平日也筆耕不輟，經常在各報章雜誌發表他對時事的看法，30 多年來累積了大量的寶貴資料。編委會未來將運用這些珍貴的史料，將 1987 年解嚴至今，台灣民主化的歷程

加以整理出書。事實上，台灣民主發展史的話語權長期被民進黨所把持，「不容青史盡成灰」，編委會計劃出書的目的就是要還原歷史真相，讓當代及後世的人都能認知「台灣經驗」是全民共同努力的成果，不能被某一特定政黨所壟斷。

面對民進黨毀憲亂政，操弄民粹，刻意挑釁，甚至猛踩對岸痛腳，將台灣人民推向戰爭邊緣；而國民黨積弱不振，無法有效制衡，更由於缺乏中心思想，無法凝聚國人向心力。原本傲視全球的「台灣經驗」，昔日的璀璨光芒已不復見，甚至蒙上兵凶戰危的陰影，究竟孰令致之？龐建國先生留下「不公不義的台灣」如此沈重的喟嘆，令人痛心也發人深省！

在此至暗時刻，為了力挽狂瀾、撥亂反正，編委會將透過出版以及組織讀書會等系列活動，宣揚理念，找回初心，使青天白日重臨大地，自由民主均富的中華夢得以實現，讓龐建國先生的精神永存。

是為序。

　　　　　　　　　　　　龐建國紀念文集編輯委員會

緣起

麤繒大布裹生涯
腹有詩書氣自華

1	2

1. 大學時期的龐建國活躍於社團，舉凡辯論社、合唱團、空手道、吉他社，都可以看見他的身影；喜愛藝術的他，也經常展現他在書法及繪畫上的天分。
2. 就讀省立北門中學時期，是位品學兼優的模範學生。

1953 年	8 月 19 日出生於苗栗縣卓蘭鎮
1955 年	舉家遷往台南縣佳里鎮定居
1965 年	台南縣佳里國小畢業
1968 年	北門中學初中部畢業
1971 年	北門中學高中部畢業
1975 年	國立中興大學應用數學系畢業
1975–1977 年	服預官役

桃花馬上春衫少年俠氣貝葉齋中
夜韵老去禪心嶽色江聲富然胸中
邱壑松陰花影爭殘局上山河

1973 年，時年 20 歲，龐建國和他得獎的書法作品合影。

桃花馬上　春衫少年俠氣

貝葉齋中　夜衲老去禪心

嶽色江聲　富煞胸中邱壑

松陰花影　爭殘局上山河

癸丑年季秋　嶺南陽江龐建國書

引自《小窗幽記》卷十豪篇

$\begin{array}{c|c} 1 & \dfrac{2}{3} \end{array}$

1. 大學時與同學出遊合影
2. 龐建國喜愛接近大自然，課餘和同學徜徉於山林之間。
3. 龐建國與大學同學合影

長風破浪會有時
直掛雲帆濟滄海

1 | 2
1. 1986 年 10 月在美國參加僑界與留學生慶祝中華民國 75 年國慶遊行
2. 就讀台灣大學三民主義研究所時期

1977-1980 年　　就讀台灣大學三民主義研究所，獲得法學碩士學位

1980-1982 年　　擔任中山大學中山學術研究所講師

1982 年　　　　考上中山獎學金，赴美國常春藤盟校布朗大學
　　　　　　　　（Brown University）攻讀博士學位

1983 年　　　　出任「美國紐英倫地區三民主義統一中國大同盟」副秘書長

1985-1986 年　　返國搜集論文資料，並擔任中央研究院民族學研究所約聘助
　　　　　　　　理研究員

1987 年　　　　獲得美國布朗大學社會學博士學位，博士論文《The State
　　　　　　　　and Economic Transformation: The Taiwan Case》被評選
　　　　　　　　為近年來探討開發中國家社會經濟發展最佳博士論文之一

1 | 3
2 |

1.　　1983 年 2 月攝於美國羅德島州布朗大學校門前
2.3.　1987 年取得博士學位，於布朗大學校園留影。

春風得意馬蹄疾
一日看盡長安花

1 | 2

1. 1987 年返台，擔任台灣大學社會系暨研究所副教授。
2. 1993 年 7 月，第三屆全球中國學聯台灣之旅研習營在台北舉行，長期支持兩岸年輕學人交流互訪的龐建國在開幕酒會上致詞。

1987 年	返台擔任台灣大學社會學系暨研究所副教授
1987 年	10 月代表中國國民黨赴瑞士盧加諾參加歐洲基民黨聯盟青年代表大會
1989 年	9 月赴法國巴黎出席中歐學術會議並宣讀論文
1991 年	3 月赴美國華盛頓參加國際青年民主聯盟（IYDU）成立大會
1992 年	10 月赴西班牙馬德里參加國際民主聯盟（IDU）黨魁大會
1990-1994 年	大成報主筆、中央日報主筆

1 | 2
1. 1987 年龐建國代表中國國民黨出席歐洲基督民主黨同盟青年代表
　　大會，於比利時布魯賽爾知名的「尿尿小童」像前留影。
2. 在台大任教期間，龐建國積極參與各項政治改革與社會運動。

1/2 | 3

1. 1992年10月2日，國際民主政黨聯盟（IDU）黨魁大會在西班牙馬德里揭幕，中國國民黨成為 IDU 的正式會員。龐建國以青年代表的身分出席，並在會議中針對國民黨的青年工作提出詳盡的報告。

2. 龐建國與國民黨婦工會副主任林澄枝以及擔任國際青年民主聯盟副主席的台大教授葛永光合影

3. 龐建國於台灣大學傅鐘前留影

莫愁前路無知己
天下誰人不識君

1 | 2

1. 1994 年，龐建國接受新黨徵召，投入台北市議員選舉。當時新黨的核心理念為反共，反台獨，秉持孫中山思想，獲得廣大民眾認同。
2. 龐建國反對黑金，積極推動陽光法案，「陽光議員」的形象深植人心。

1994 年	12 月接受新黨徵召，參選第七屆台北市議員選舉，以選區最高票當選
1998 年	12 月以無黨籍身分，再度當選第八屆台北市議員
2000 年	出任總統大選宋楚瑜張昭雄台北市競選總部主任委員
2001 年	3 月 29 日與邱秀珍小姐公證結婚
2001 年	參加台北市南區立法委員選舉，並順利當選
2002-2005 年	擔任第五屆立法委員
2003 年	6 月結合產官學研各界，成立中華數位內容協會，擔任總顧問
2003 年	9 月參加第六屆京台科技論壇，呼應論壇發起人英業達集團溫世仁副董事長，倡議海峽兩岸藉由優勢互補，共同制定資通訊產業標準
2004 年	總統大選擔任連戰宋楚瑜全國競選總部發言人、新聞組長暨政策白皮書科技組召集人

1 | 2
　 | 3

1. 1998 年台北市議員競選連任，龐建國在街頭向民眾拜票。
2. 攝於台北市議會議員研究室
3. 龐建國擔任 2000 年總統大選宋楚瑜張昭雄台北市競選總部主任委員，於競選總部與青年軍團隊合影。

<table>
<tr><td>1</td><td>2</td><td rowspan="2">1. 2001 年 3 月 29 日與邱秀珍小姐公證結婚
2. 2001 年投入第五屆立法委員選舉
3. 競選期間，龐建國於車陣中向民眾拜票。</td></tr>
<tr><td></td><td>3</td></tr>
</table>

1 | 2
  | 3

1. 2001 年 3 月 29 日與邱秀珍小姐公證結婚
2. 2001 年投入第五屆立法委員選舉
3. 競選期間，龐建國於車陣中向民眾拜票。

1 | 2　　1. 擔任立法院「數位匯流立法推動聯盟」召集人
　　　　　2. 攝於龐建國立法委員任內

1	
2	3

1. 2004 年擔任總統大選連宋競選總部新聞組長暨發言人，召開記者會抗議民進黨敗壞選風。
2. 2004 年於立法院抗議總統大選奧步，要求立即全面驗票。
3. 大學念應用數學的龐建國對資訊科技並不陌生，在立委任內成立「數位匯流立法推動聯盟」，主導電信法、廣播電視法、通訊傳播基本法等法案的立法與修法，並積極推動政務數位化。

1 | 2
  | 3

1. 2004年立法委員選舉，龐建國夫婦於競選總部和團隊合影。
2. 龐建國口才辨給，形象良好，獲得選民的認同與支持。
3. 2004年龐建國立委選舉競選總部成立大會，現場支持群眾雲集，氣氛熱烈。

不為君王唱讚歌
只為蒼生說人話

1 | 2

1. 2006 年華聚基金會舉辦第二屆海峽兩岸信息產業技術標準論壇
2. 2007 年 7 月，第四屆海峽兩岸信息產業技術標準論壇於台北舉行，共達成七大標準領域 28 項共識，成果豐碩。

2005 年	擔任財團法人國家政策研究基金會科技經濟組顧問
2005 年	6 月「華聚產業共同標準推動基金會」成立，擔任基金會顧問
2006 年	擔任郝龍斌台北市長競選總部後援會執行副總幹事
2008 年	總統大選擔任馬英九蕭萬長科技政策之撰稿人
2008 年	5 月出任「財團法人海峽交流基金會」副秘書長，後擔任顧問
2009-2015 年	擔任「財團法人海峽交流基金會」顧問
2011-2014 年	擔任台北市政府市政顧問副總召集人
2012 年	取得教授資格，繼續於中國文化大學國家發展與中國大陸研究所專任教職
2016-2019 年	擔任「台灣競爭力論壇學會」理事長

1 2 | 3

1. 2. 中華數位內容協會（CDCA）於2003年成立，龐建國擔任總顧問。 2007年CDCA與台北市電腦公會（TCA）組團前往馬來西亞參展。

3. 2008年6月，台灣海基會與大陸海協會的兩岸會談，在中斷 10年後展開復談。圖為我方談判代表：海基會董事長江丙坤、 副董事長兼秘書長高孔廉、副秘書長龐建國。

1 | 2

1. 2012 年海峽交流基金會江丙坤董事長頒發顧問證書
2. 2016 年 11 月適逢國父孫中山先生誕辰 150 週年，龐建國前往北京參加研討會，並於香山碧雲寺孫中山紀念堂留影。

1 | 2
  | 3

1. 2017年12月8日於國父紀念館舉辦「中山思想與當代國家發展」學術研討會，龐建國以台灣競爭力論壇理事長的身分致詞。
2. 2018年「台灣競爭力高峰會」開幕致詞
3. 2018年「台灣競爭力高峰會」接受媒體採訪

1 | 2

1. 1910 年，孫中山寄宿在日本友人宮崎滔天家中時，兩人曾坐在附近白山神社的石頭上談論天下大事。當時，天際劃過一道光芒四射的流星，面對如此壯麗的天象，讓孫中山確信「中國革命必將成功！」2015 年 11 月，龐建國來到白山神社，於「孫文先生座石」前留影。

2. 2019 年中國文化大學國家發展與中國大陸研究所舉辦新生座談會，龐建國和參與師生合影。

人生自古誰無死
留取丹心照汗青

2022 年　1 月 11 日逝世

不滅

縋懷

▲ 作者周陽山為照片中左起第七位

龐建國教授的最後一堂課

中國文化大學國家發展與中國大陸研究所教授｜周陽山

民國 111 年 1 月 11 日的清晨，龐建國教授在網路群組上留下了一段沉痛的警語：「不公不義的台灣，我生不如死！」由於一連發了 3 次，警覺的群友立刻勸他要放寬心一點，不要看不開；另外也有學生質疑，龐老師一向謙抑自持，會不會是帳號被別人盜用了，才會講出如此的重話？但未旋踵間，他卻執意離開了我們，永遠地告別人世，享壽 68 歲。

　　這兩天，許多朋友都對他的故去感到震驚與不捨，有人認為他是因病痛折磨而厭世；也有人強調他是以死相諫，在一連

串的公投、選舉和罷免之後，痛惜台灣社會的道德沉淪、政界的是非不分和價值崩潰，乃毅然決然求去！我不願多所臆測，只想追憶他在人生最後階段的心路歷程，並彰顯龐教授的學術志業與人格風範。

我與龐教授相識於 1970 年代的台大校園，當時我是政治系大三學生，旁聽三民主義研究所李國鼎先生主持的經濟發展講座，而建國兄則是同一班上的研究生，他溫文儒雅、為人認真懇切、堅毅自持，從此成為至交。

1980 年代初，他到美國常春藤聯盟名校布朗大學念社會學和發展理論，我則在紐約哥倫比亞大學攻讀政治與比較社會主義，由於兩校都在東北部，時相往來。多年以後，我們分別

回到台大，他在社會系，我在三研所和政治系任教。1990年代之後，眼見李登輝執政後出現的黑金政治與認同迷惘，他決定代表新黨參選台北市議員並以高票當選；而我也在1996年於台北市參選立委，並在他的全力支持之下順利當選。

立委卸任、離開政壇後，他在2005年回到學界，在文化大學中山所任教，當時我正擔任研究所長，自此開始了十多年學術合作生涯。近期我們與其他學界朋友戮力完成《廿一世紀三民主義》、《從實業計劃到一帶一路》等書，面對台灣與中國大陸經歷的時代考驗，以及中山先生當年規畫的建國方略等學說，提出了深入淺出的知識觀點和研究意見。

龐教授為人寬厚，和藹可親，敬重師友和學生，沒有一絲架子，允為謙謙君子之典範。近年來，我們一起參加論文審查和學術研討會，不時感受到他對學生的親切及對知識的認真與執著。在學生的眼中，他是真正的經師與人師！

近來他身體違和，必須定期入院治療，但依然孜孜不倦，勉力從事教研工作。我和他的研究室相鄰，見他如此艱辛的承擔教學重任，乃決意分擔他的一些課程。

1月8日星期六早上，他依例在台北市政府附近的教室上課，講授「大國關係」，同學們看出他的心情甚好，氣色亦佳，他也說「給同學上課有助於身體的恢復」。臨中午時分，學生陪他下樓，幫他拿著剛出版的新書，由夫人邱秀珍女士親自開車接送回家，其樂也融融。

當天下午1時許，我接著在同一間教室裡，教他的另外一門課程直到傍晚，結束了這一學期的課程。聽到學生報告他早上授課的情況，頗感欣慰。

未料一天半之後，風雲驟變，頃刻之間，天人永隔！這顯然不是因為病情，而是1月9日之後的時局變化。

我記下上述的點點滴滴，為的是留下歷史紀錄，同時見證40多年不變的信念與友誼；藉以紀念這位潛心中山思想與國家發展而矢志不移、躬行實踐的學者政治家，他確已留下不朽的典型！

原文刊載於中國時報時論廣場

▲ 2002 年 9 月，龐建國隨立院訪問團到紐約，作者亦至紐約進行美國 911 事件週年儀式現場播報。8 日清晨，作者前往廣場飯店與夫婿共進早餐，之後繼續各自的行程。臨別時，街頭畫家為兩人留下這幀素描畫像。

未完 · 待續
一個沒有句點的故事

邱秀珍

民國 111 年 1 月 11 日凌晨 4:49，與我相識 32 年，結縭 21 年的丈夫龐建國，留下「不公不義的台灣，我生不如死」的遺言，縱身一躍，離開了我。

三天前

　　1月8日星期六清晨，我開車載著建國，從內湖住家出發，前往台北市信義區一處大樓上課，這天的課程是「大國關係與中國政經專題研究」，近三年來，週六的課都在這個教室進行，對建國和我而言，此處交通相對便利，節省了許多時間。

　　不到9點的時間，車子抵達大樓，建國提著手提包下車，他的身形依舊挺拔、步伐穩健，目送他的背影上樓，我安心不少，旋即開車離去，到附近101大樓停好車，前往附近的咖啡廳，希望片刻須臾的閑靜，能緩和連日來緊張忙亂的情緒。5個多月前，建國的身體開始出現異狀，聲音沙啞，容易感到疲累，醫生判斷是結腸癌手術的後遺症，從9月開始，接受一週3至4次密集的治療。治學與教學向來嚴謹的建國很擔心會影響到同事與學生的權益，和我商量考慮從文化大學退休。經和主治醫生討論後，醫生建議應維持一定的工作與社交，對他的病情較有幫助。因此決定先請假一個月，如果治療成效不錯，就能恢復原有的生活步調。幸而在趙建民院長的支持與協調下，周陽山、李炳南與劉性仁幾位老師幫忙分擔他的課程，得以延後到11月才恢復上課，尤其周陽山老師擔心建國太過辛勞，主動提出願意全學期代課，讓他週六的課程能提前到中午之前結束。

　　我一邊喝著咖啡，一邊想著就快過年了，得要做些準備。和我們同住的母親在7月25日過世，母親近年身體健康不佳，疫情期間她的病情加重，我得頻繁進出醫院，長期承受極大的壓力，總覺心力交瘁。只是沒想到禍不單行，剛辦完

母親的喪事，回頭發現建國的身體似乎顯得虛弱，經過一連串的檢查，才發現原本以為控制得不錯的病情，似乎有即將死灰復燃的跡象。幾經討論，決定了後續的治療計劃，我們也達成樂觀面對、積極治療的共識。然而治療的過程頗為辛苦，不僅病人本身，照顧者所承受的身心壓力也非事先所能預料。

上午的時間過得很快，約莫 11 點半我到停車場取車，再度前往建國上課的大樓，車子抵達時，看見同學們已陪著建國在大樓外等候，建國和同學道別後上車，在冬日難得見到的陽光照耀下，建國看來精神氣色都不錯，我告訴他回家吃午飯前先繞去三總，位於地下室的藥局有販售一款我尋覓已久的無糖保健飲品，我打算訂購兩箱。建國說好，同時照例對我又是誇讚一番，說我總是善於運用現代化的工具與資訊，靈活處理日常瑣事。他在生活起居上向來自己打理，不喜歡別人「伺候」，即使身體微恙，也都堅持要自己「活動活動」。對於近年我一直忙於工作與照顧年邁父母，蠟燭兩頭燒的情況，他總是無限憐惜地替我抱屈，說妳這麼有才華，卻被這些事情困住了。只要我替他做點什麼，他總不吝讚美。建國待人向來真誠，並不擅於奉承矯飾，對我亦復如是，我知道他是發自內心的稱讚，也總是開心地接受。

我們出發前往三總，抵達後建國發現他沒帶健保卡無法進到院內，於是決定他在外頭曬太陽散散步，我一人進去到藥局訂購付款，出來時看到他精神挺好，我想醫生說的果然沒錯，教學向來就是他最喜歡的事，從事他喜歡的工作，對病情應該有所幫助。

回到家吃完午飯，他說有點累了，我想一早起來忙了半天不累也怪，就讓他在 2 樓書房旁的寢室休息，我則在起居室忙碌，接著準備晚餐以及備妥他的營養補充品。晚飯後，照例是他洗碗，我在一旁陪他逗趣說笑，享受屬於我倆的輕鬆時光。飯後我們相偕到社區中庭散步，自從 2020 年 4 月建國動完結腸癌手術後，我便要求他降低運動強度，過去他每天總要跑上 3000-5000 公尺，後來醫生建議以散步代替跑步，疫情日益升溫，外出的風險也提高了，我們從善如流，每天就盡量在社區散步，維持一定的活動量。

散步後我們看看電視，然後梳洗入睡，一夜無話。

兩天前

1 月 9 日星期日，這一天是第 10 屆立法委員台中市第二選區缺額補選以及台北市第五選區（中正、萬華）林昶佐罷免案投票日，結果在傍晚出爐：台中第二選區立委補選由民進黨推派的林靜儀勝選；而林昶佐的罷免案同意票距離罷免門檻差 3943 張，罷免案未過關。

晚間照例外出散步，我們通常會在社區繞行 5、6 趟，當天只走了一趟，他就說累了，我眼看外頭已經起風就和他一起回到屋內，談到這天的選舉結果，建國表情嚴肅地說：「台灣完了！」我則安撫他說別管這些了，眼前我們還有好多的挑戰要面對。

建國經常寫文章針砭時事，這是多年養成的習慣，他說知識分子能做的就是善盡言責。但因為 9 月以來治療的副作用頗大，讓他經常感到疲累，10 月中旬之後，已經大量減少

寫作，也因疫情的影響，無法出席公開活動，面對混亂的時局，卻無抒發管道，也無能為力，我相信他的內心一定感到既沉痛又無奈。

晚上我先上 7 樓，本來打算在樓上休息，後來還是下到 2 樓，建國看到我又進來，愣了一下，我開玩笑地跟他說，我決定來你的革命基地埋鍋造飯，今晚我留在這裡不走了。

當晚，建國起身好幾次，我問他怎麼了，他沒直接回應，只說有我在身邊陪伴很溫馨，但擔心會影響我的睡眠品質。其實我一夜幾乎沒有闔眼，想到原本健壯的他這幾個月體力快速消退，就讓我焦慮不已，雖然醫生說經過治療已經停損，且有些進步，但他自己的感覺卻不是如此。

12 小時前

1 月 10 日星期一下午，我外出回來已近傍晚，惦記著晚飯還沒煮，著急地趕回家，我一推開門，看到書房裡建國從書桌前起身，向前迎接我，他說妳去洗頭了嗎？有沒有舒服點？我點點頭，趕緊將出門前已備好的料下鍋，快速弄出幾個菜，倆人坐在餐桌前吃完飯，他說今天不出去散步了，我說也好，聽氣象報告說接下來天氣會變冷，我們盡量在室內運動便罷。說著說著，我覺得非常疲倦，倒臥在客廳的沙發上沈沈睡去，等我睜開眼睛，看見建國反常地坐在身旁專注地看著我，我問現在幾點了？他回答快 10 點了，我吃了一驚，沒想到竟睡了一個多鐘頭，這時他說妳累了，上樓休息吧！我考慮到明天一早還要去診所進行過年前最後一次的療程，我們都需要好好休息，於是叮嚀他早點睡。上樓前，他

送我到門口，似乎依依不捨地看著我，極度疲倦的我沒多留意，按了電梯就上樓了，梳洗後躺下，很快就睡著，渾然不知幾個鐘頭後即將面臨和摯愛天人永隔的悲劇。

當天

1月11日星期二早上7點，我睜開眼睛，一旁的手機鈴聲適時響起，提醒我該下樓吃早餐了。

多年來建國和我如果沒有出差，一定會一起共進早餐。這天清晨特別的冷，我起身從7樓的房間往下望，發現救護車來到社區大樓前，心想天冷，會不會是哪一戶有老人家出狀況。我趕緊下樓，到建國書房所在的2樓，推開門，發現他的拖鞋整齊擺放在玄關，屋內燈火通明，但沒看見他的身影，這是從來沒有過的情形，建國生活作息極為規律，昨晚我上樓時他應該還在書房忙一會兒，再晚12點以前一定會就寢。我呼喚他，沒有回音，於是我走進他的書房，從書房的窗戶往外看，赫然看到一個不可思議的景象：建國就躺在窗外的草坪上！我在驚恐之餘立刻衝下樓，發現救護人員已經到場，原來就在不久前，鄰居晨起運動，遠遠看見草坪上有個人影，她以為有人跌倒，於是叫救護車。救護人員見我衝過去，先是攔阻說小姐妳不要過來，我表明身分後，又招手要我過去。我看到建國神情平靜地躺在草坪上，就像睡著了一樣，到底發生什麼事？我問救護人員怎麼了？要送醫院嗎？救護人員搖搖頭，這是什麼意思？我驚駭莫名說不出話來，救護人員環顧四周，指著地上許多細小的樹枝說，妳看！我仔細一看，散佈四處的枝蔓有著新斷的痕跡，我還是不明白，這時救護人員手指著天空說，這就表示是從上面下來。

怎麼可能？發生了什麼事？救護人員也說很奇怪，從建國的狀態看來，實在無法與墜樓聯想在一起。這時救護人員說必須通報警察局，還提醒我查看大樓監視器。

此時社區管理員已將大樓的監視錄影帶調出，有經驗的救護人員協助找尋各種可能的角度。正是上班交通繁忙的時刻，等警察來需要時間，我想應該要請朋友協助，於是打電話給台北市議員李明賢，他很快接了電話，聽我說明後，明賢立刻聯絡轄區派出所，相關人員抵達，問了我家裡的狀況。我說明情形後，鑑識人員隨我進入建國的書房，一進門立刻發現書桌上整齊擺放一個資料夾，這是國史館在 2015 年推出「永不放棄─孫中山北上與逝世」歷史紀錄片時所附的資料夾，翻開一看，A4 的紙上寫著：「不公不義的台灣，生不如死！」另一張寫著：「秀珍：妳的愛和付出，我無以為報，只有用在天之靈護佑妳！」鑑識人員取走資料夾和建國的手機，此時我才發現他在凌晨 4:33、4:36、4:38 在 line 群組連發三次「不公不義的台灣，我生不如死！」，4:42 在微信群組也發出同樣的訊息。雖然許多師生友人察覺有異，紛紛留言，但是他已經看不到了。因為監視器錄下建國搭乘電梯到頂樓的畫面和他奮力縱身躍下的身影，隨之斷裂的枝椏與揚起的落葉遮蔽了鏡頭，時間顯示為 4:49。

此時我才從突如其來的驚恐跌回殘酷的現實，為什麼？為什麼會這樣？我不相信！敏感如我，事先竟毫無覺察？

看著躺在草坪上的建國，我不禁雙膝跪下，握著他已經冰涼的手，心裡滿是不捨。冷冽的空氣中，眼淚不斷從臉頰滑落下來……

32 年前

思緒回到 1989 年，6 月 4 日，是我們相遇的日子。

當時我正在師範大學三民主義研究所就讀，同時兼任師大附中三民主義研究社的社團指導老師。由於關注當時中國大陸民主運動的發展，有時會帶學生到救國團借用視聽室，觀賞不易取得的大陸影片，每次都麻煩當時任職救國團的李光大學長，因此，當學長說有個活動要我幫忙時，我義不容辭就答應了。這個活動是由台大政大幾位同學和我一起擔任主辦人，在中正紀念堂舉辦「手牽手心連心」聲援大陸民主運動，於 5 月 30 日中午 12 點整開始，百萬青年學子築起了

牽手長城環島一周，聲勢浩大前所未見。幾天後，6月4日
凌晨天安門廣場傳出槍響，消息傳來，同學們和我難掩心中
激憤的情緒，紛紛趕往中正紀念堂，一到現場，發現廣場早
已擠滿了各校學生。大會開始，我第一個上台發言，或許是
慷慨激昂的陳詞，讓到場關心的建國印象深刻，日後每當談
起我倆相識的經過，他總愛打趣比喻說，初相見時以為封面
是一本瓊瑤小說，打開來才發現是本三民主義。

　　當天他遞了張名片給我，名片上龐建國三個字並不陌
生，在報章雜誌經常能看到他的讜論，讓我訝異的是本人看
來竟是如此的年輕！

　　雖然彼此都留下深刻的印象，但進一步接觸是在幾個月後。學長推薦我參加國民黨文工會研究生寫作小組的甄選，通過筆試和面試，第一次參加寫作小組的聚會，也是再次見到他的時候，當時建國是三位指導老師之一，從此，我跟著其他同學喊他「龐老師」。

　　那一年年底，龐老師找寫作小組的同學協助「歸國學友協會」年終晚會的接待工作，我也一起幫忙。當晚的摸彩，龐老師抽中電視機，我則抽中錄放影機，同學們笑著起鬨，好不熱鬧。由於獎品頗有分量，最後是由龐老師護送回家。後來我才知道，原來當天的活動是龐老師拜託台大的同學邀約我參加的，巧的是，我倆先後抽中晚會的大獎。

▲ 1989 年 12 月 30 日，「歸國學友協會」在台北國賓飯店舉辦年終聯歡晚會，作者為右起第四位。

　　過完年後，有天我接到龐老師的電話，約我週末見面，那天他提出希望進一步交往的想法，我對龐老師如此慎重其事的表白感到訝異，就在彼此互相欣賞的前提下，開啟了我倆長達 11 年的愛情長跑。

　　龐老師因為家庭的革命血統以及拿中山獎學金出國留學的背景，平日除了從事最熱愛的研究與教學工作，也積極投入黨務和各種社會運動。他真誠直率，充滿熱情，每次見到他，總被他飽滿的正能量所感動。

　　一年後，我完成碩士論文從師大三研所畢業，初生之犢的我一心只想在事業的疆場上馳騁，加上類單親的家庭成長背景，讓我對婚姻抱持排拒的態度，因此當龐老師提出共組

▲ 1990 年 11 月 10 日，「民主基金會」成立酒會於台北凱悅飯店舉行，作者與當時任教於台大的龐建國合影。

家庭的想法時，我退卻了……然而命運的安排，讓我們終究無法錯過彼此，幾年後，轉戰政壇的他和任職電子媒體的我，角色已然轉變，卻更能欣賞對方的不忘初心，於是決定攜手相伴而行。而他也信守對我的承諾，始終用心呵護耐心守候。身處複雜的職場環境，遇到挫折打擊，他說沒關係，再努力就好。面對外界的蜚言流語，他也說別在意，我們自己幸福就好。在相識 12 年後，我倆終於在 2001 年 3 月 29 日青年節結為連理。

絮語

這些年來，我們彼此扶持相互陪伴，一起努力，實現了很多夢想。

我知道你在意的從來不是世俗的功名利祿，而是你所堅信的絕對價值。

你總是那麼地樂觀開朗，努力不懈，抱持著服務的人生觀，指引著我向前邁進。在我遭遇挫折時鼓勵我；在我感到沮喪時安慰我。你常說不要在意一時，要向前看，要有大格局。

你律己甚嚴，一絲不苟，但你的嚴謹，只對自我要求，對待他人，卻是無比寬容。你自奉簡樸，卻總是叮嚀我對自己好一點。朋友說你無論婚前婚後，始終把我視為戀愛的對象百般呵護，已經到了寵溺的程度。

和你在一起的日子，每一天都是美好的，就像在春風裡，又像是沐浴在溫暖的冬陽裡。

想念你溫煦的笑容，想念你溫暖厚實的大手，想念你在我抱怨時，總是輕撫我的背脊，輕聲安慰；想念那些只在我倆之間，無人能懂的幽默和玩笑話。

回首過去，像是做了一場好美的夢。多幸運能遇見你，和你相知相守。對我而言，你是我的丈夫，我的摯友，我的夥伴，我最敬重的師長，更是我的知己。從認識的那一天起，你始終毫無保留地對我好，將我在成長過程中缺乏的父愛以及兄長的愛連帶一起補償我。陪伴我走過青春歲月，步入中年。「執子之手，與子偕老」，多希望能和你一起相守到老。直到現在，我相信你仍然在我身邊，並未真的離去。因為我知道你並沒有放棄，你只是不要我再那麼累了。

　　此生能與你相遇，已經沒有遺憾，接下來的人生旅途，
即使再艱難，我也會帶著你的愛，追尋你的軌跡繼續努力下
去，直到我們再相聚的那一天到來。

▲ 1986 年春節，作者夫婦帶著 3 個孩子返家過年，與父母親和弟弟於台南縣佳里鎮家門口合影。

他是我弟弟

龐復國

1953 年的夏天，苗栗卓蘭的家裏迎來了一個小生命，在那個人人離鄉背井大家顛沛流離的年代，新生命的到來象徵著我們能生存下去，未來是有希望的。

當母親第一次抱著襁褓中的弟弟展現給我看還逗著我說：「這是誰呀？」我那時才兩歲半，分不清嬰兒跟玩具有何區別，便隨口說：「小枕頭。」

▲ 攝於龐建國十個月大時

　　不久我們住進了台南的眷村，當時物質匱乏沒什麼娛樂，
小枕頭也一天天的長大，成了我最好的玩伴，跟鄰居小朋友玩
在一起時，常常會比誰家有些什麼？我常用的王牌就是我有弟
弟耶！

　　幼時的他常常會因為身體不適或是餓了而哭泣，母親總是
立刻放下手邊的工作來安撫他，後來甚至辭去了教職專心照顧
他，當時父親已經由軍職轉任教職，生活略有改善，我們也由
城裡的眷村搬遷到鄉下的農校宿舍。當他上小學的時候，我已
經四年級了，每天快樂的帶著他連走帶跑的上下學，回家後幫
他複習功課成了我光榮的責任。

▲ 民國 68 年，作者在高雄公證結婚，龐建國當時正在台大三研所就讀。

　　他循規蹈矩笑口常開人緣極好，上課專心在班上始終名列前茅，那時的國小在每次月考之後，各班成績優秀的同學都能在全校朝會時獲頒獎狀，他每次都能上榜，而我經常落榜。每當擴音器播報各班受獎名單時，幾乎都是大家熟悉的名字，功課好的永遠都是那一群，尤其是我跟他的名字就差一個字，全校也就是這麼兩個人姓龐，唸到他的名字時，全校同學又是一陣驚嘆，然後班上的同學都會轉頭望向我，我則有點尷尬又有些驕傲的說：「他是我弟弟。」當晚爸爸就會把他的獎狀慎重的貼在客廳的牆上，並且對我說：「你要加油了！」幾年下來客廳貼滿了各種獎狀，沒位置了就延伸到飯廳成了壁紙，大部份都是他的。

　　我有一回在最後一節課寫綜合測驗卷，同學們都寫完放學了，而我還在教室裏卡關，他早已下課來等我，就一直蹲在靠走廊的氣窗旁邊，我心急的啜泣著，隔著氣窗孔叫他先回家，他望著我搖搖頭陪著我流淚，老師見狀問道他是誰？我說：「他是我弟弟。」老師說：「別寫啦！趕快陪弟弟回家吧。」那天台糖小火車的班車已過，我們就走了兩公里的路才到家，可讓媽媽擔心極了，從此我變得比較用功，初中聯考和高中聯考都考上同所省中。

　　弟弟從一年級到六年級，在班上始終保持第一名的佳績，到了畢業成績結算的時候，他的級任導師和隔壁班的老師聯袂到家中拜訪，原因是弟弟和隔壁班一位女生的成績在伯仲之間，雖然弟弟稍微高一些，但因為這位女生家境清寒，若能得個畢業成績第一名，就能獲得獎助學金，因此老師特地來跟家長溝通，希望能讓賢。媽媽辛苦多年專心的培育，當然不甘心，爸爸則以仁義之道來安撫媽媽，而我則建議就讓弟弟自己做決定。弟弟最終選擇了成人之美，我不禁讚嘆他的寬宏大度。

　　後來的聯考我們都考上同所學校，他初中部我高中部，又能一起上學了，而且路途比國小近了一半，每天上下學甚至中午回家吃午飯再返校午休，都在快樂的比腳程，如此足夠的運動量和飲食營養，他很快的身高體能都超越了我。我們常被老師推薦參加校內各種藝文競賽活動，而且經常獲得名次，是校內名人，但是他的自主學習和自我控制能力遠遠的超過了我，他除了上課能專心，課外也能大量的閱讀。

　　父親在農校教國文和三民主義，我們常幫忙改考卷，耳濡目染對這兩科有很多認識，父親常常以國父孫中山先生天下為

公服務利他的精神來勉勵我們，我們都銘記在心，他後來更是努力實踐。

他很富同情心，從小喜歡聽故事而我喜歡說故事，我常常編一些苦兒流浪記的情節給他聽，他常會為了故事裡苦兒的遭遇悲傷流淚，有一回被媽媽發現，責備我把弟弟弄哭了，我就趕快進行圓滿的結局，苦兒終於找到爸爸媽媽幸福的團圓了，但是這時媽媽卻很難過，她想起了留在大陸的哥哥姐姐們，骨肉分離人間至痛，我們都安慰她，將來我們一定會團圓的，那是我和弟弟的終身任務。

中學我們都是理光頭，他的頭型很特別，從正面看，天庭突起好像蔣公，從側面看，後腦渾圓飽滿，跟當時兩角錢硬幣上面的國父側面像一模一樣，加上功課品行樣樣好，許多長輩老師都認為此子將來必定頭角崢嶸。

後來我上了軍校，生活言行都有了規範，他也仿效我坐立行進時挺直腰桿目不斜視、個人衣物折疊整齊，我每次返家省親都跟父親報告生活表現，然後跟他高談闊論，軍校的創建革命武力的必須，尤其是中山先生奔走革命 畢生論著建國藍圖等等資料都存放在觀音山上的圖書館，被陳炯明叛變的砲火摧毀殆盡，真是可惜呀！弟弟聞之扼腕，父親說當年他正是黃埔學生，每每出操都能看到觀音山，幸有中山先生的演講本，大家得以奉為革命目標，我當時想弟弟將來一定會好好研究這些高深的學問的。

那一年的小年夜特別冷，深夜我蓋好棉被準備睡覺，他很高興的鑽到我身邊說：「哥，講故事給我聽。」我說：「好，講個沙漠尋寶的故事。」一隊駱駝商隊在皎潔的月光下默默前

▲ 民國 60 年春節，作者官校三年級，龐建國高中三年級，與父母合影。

行，他們的目標是一座山丘上先人埋藏的寶藏，依著先輩傳下
的地圖，艱辛的向前行探索，我拱起腳把被子撐成山形，駱駝
商隊在這，目標的山丘還很遠，但是隱約可見……轉頭一看，
他已經睡著了。

　　之後多年，他在人生各個階段上刻苦經營，以悲天憫人的
胸懷為家國謀最大的利益，我們接觸的時間雖然少了，但從報
章媒體上看到他的針砭讜論、叱吒風雲，心中就無比痛快，大
多數人都認同他的觀點，爸爸媽媽都以他為榮，我許多友人和

▲ 1994 年 2 月，龐建國陪母親返鄉探親，和在家鄉的兄姐、族人於獨洲小學前
留影。龐建國的父親龐謀通先生是廣東省陽江縣城北鄉獨洲村人（現已改為
陽江市三江中間村）。

　　學生常會問我們什麼關係，我常以與有榮焉的感覺回答：「他
是我弟弟！」

　　短短的人生他就經歷過各種人間的風浪，成就過各種福國
利民的大事，陪母親回大陸見到朝思暮想的兒女，也幫大陸的
親人來台見到父親，完成我們當年的承諾。有一天我們促膝而
談，他忽然對我說：「哥，我最喜歡聽你講故事，尤其是沙漠

尋寶的故事。」我倆哈哈大笑，那是我給他講的最後一個沒講完的故事，他這麼多年兢兢業業不辭辛勞的默默前行，並且樂此不疲，我想他已在夢裏照著那份建國藍圖到達了那座山丘，找到了寶藏。

我心目中的大丈夫

前台北市長 ｜ 郝龍斌

我跟龐建國真正開始熟識應該是在 1992 年，當時我是台灣大學食品科技研究所教授，而他在社會系任教。國民黨第十四次全國代表大會鼓勵年輕黨員出來參選黨代表，從黨內推動體制內改革。當時在北知青（國民黨北區知識青年黨部）有一批國民黨的年輕教授，對抗的是另一股親綠的勢力，而龐建國就是當時很積極在串聯、推動黨內改革的一位。

　　我在台大任教時，一開始涉入政治並不多，是龐建國、葛永光、林火旺他們找我出來，參與國民黨第十四次全黨代表選舉，慢慢地我們就越來越熟。當時我完全不懂政治，基本上都是他們商量，我在旁邊聽。所以我開始對政治、黨務的認識，其實跟他們有很大的關係。後來我選上中央委員，很多事情我們都會一起商量，跟龐建國的互動就更多一點了。

　　在那個年代，按理說，大家都會想爭取成為黨代表，甚至是中央委員。當年國民黨的中央委員大多是社會賢達，而中常委更多是現任部長或是工商企業大老，地位崇高。但我記得，當時龐建國自己並沒有出來選黨代表或中央委員，而是在幫葛永光。在政治上，多數人是往前爭取，但他都是在幫別人，可見他是一個很大度的人。

　　印象非常深刻的就是 1993 年 8 月，十四全黨代表大會召開，當時黑金盛行，作為會場的國際會議中心，氣氛十分詭譎，但龐建國仍積極爭取發言機會。他平時是很謙和的一個人，但當他站上發言台，就是一個不一樣的龐建國，不僅言之成理，而且語調鏗鏘有力，展現出的氣魄讓人折服。後來他在議事堂上的表現也是如此，雖是理直氣和，但他的態度絕對堅定。

　　龐建國在 1994 年加入新黨，並接受新黨的徵召，參選台北市議員，當時其實有聲音勸他先不要選市議員，因為從某個角度來看，龐建國選市議員是 overqualified，而且第二年就要選立委，他假如選了議員，就不可能選立委；新黨本來是希望他選立委的，事實上，現在回過頭來看，如果龐建國第二年再選立委，他一定選得上。他當然知道議員跟立委的差別，但他仍然義無反顧地投入。從這裡就可以看出，他對於位置並沒有很在乎，只關心可以真正做些事。

　　那一年他以選區最高票進入市議會,而新黨一共選上十一
席議員,由於國、民、新三黨在議會不過半,新黨的態度足以
影響正副議長人選。當時龐建國擔任新黨議會黨團召集人,等
於是領頭羊的角色,本來新黨曾考慮推龐建國爭取副議長,但
最終新黨決定支持國民黨的吳碧珠當副議長,龐建國也願意無
條件謙讓,因此新黨在市議會能有效監督,發揮制衡的力量,
國新兩黨在市議會也一直能維持和諧的關係,主要就是因為龐
建國是一位重視大局,不爭個人名位的人。

▼ 1994 年 12 月 25 日新黨 11 位新科市議員於議場合影

　　而他的不爭，是不跟自己人爭，可是該堅持的事情他會很堅持。他有他的原則和格調，絕不會為了個人的權位，做出逢迎拍馬，違背自己良心的事，這樣的個性在政壇當然很吃虧。

　　我們兩人先後加入新黨，但我們從來都不覺得新黨就只是一個新的政黨，我們始終認為新黨才是最正統、有國民黨理念的政黨，所以我們從國民黨到新黨，心裡一點罣礙也沒有。事實上，他後來加入親民黨，也是因為在當時的情況下，他認為親民黨才是真正比較符合國民黨理念的政黨。

　　2006 年的台北市長選舉，我在民調中大幅領先，為避免藍營分裂，大家商量決定，希望我回國民黨參加初選，代表國民黨參選台北市長，但最好能有一批人一起回到國民黨，而龐建國就被點名是最適合的人，所以他就跟我一起回到國民黨，希望一起從事國民黨內部的改造。而且後來在這場台北市長選舉中，他也擔任競選總部後援會的執行副總幹事，幫了我很多忙。

　　我在當市長一年多之後，2008 年政權二次輪替，馬總統上任，江丙坤被任命為海基會董事長，把龐建國找去幫忙，在此同時，他也擔任台北市政府市政顧問副總召集人。

　　我記得，龐建國最常講的一句話是：「與其詛咒黑暗，不如點亮一根蠟燭。」他把自己當作一根蠟燭，燃燒自己，照亮別人。他始終就是這樣的心態，不管力量多微小，一定會盡力而為。龐建國雖然平時很溫和、很客氣，但他的鬥志很高，對國家民族的使命感非常強。

　　龐建國一直是個有理想、有抱負的學者，而且始終堅持理念，不會受到外力的影響而有所曲折，他對名位的慾望不高，大丈夫「富貴不能淫，貧賤不能移，威武不能屈」，他就是這樣的一位大丈夫。他對朋友非常好，經常犧牲自己幫助朋友，而且他不會讓朋友來分擔痛苦，往往自己獨自承擔。

　　他的政治理念很堅定，但政治性格不強。他的意識形態很明確，但絕對不會影響到教學。龐建國在言談間常透露出對他的學生很滿意，他把學生帶得很好，所以他的學生也都很感念他。

　　龐建國最後留下「不公不義的台灣，我生不如死」這句話，其實我看了滿有感受的。他生病後，我們偶爾會通電話，他每次都告訴我，「你放心，我的鬥志昂揚，一定可以克服這些困難。」

　　大概是他走前兩個禮拜，我還跟他通過電話。那時候他跟我說，癌細胞已經擴散到腦了。我想，他的意思是，這一仗他大概是打不贏了。不過他還是說，「你放心，我心情很穩定，現在還是做我該做的事」。

　　我覺得，他所留下的遺言，是出於對國家未來以及政治走向的憂心與失望。他不是輕生，之所以選擇離開，其實是不願意給身邊的人太多的負擔。他留下這些話，主要是希望大家能繼志述事，繼承他的志向繼續努力下去。

　　龐建國不是一個會輕言放棄的人，甚至我覺得，他到最後也沒有放棄。我也相信，只要努力就有希望，只要不放棄就有希望，這就是他的精神。

永懷昔日一起奮鬥的夥伴

中廣董事長｜趙少康

對於建國的離開,我們都深感意外,也很難過。我和建國的往來主要還是從選舉開始。1993 年 8 月 10 日新黨成立,當時我們都認為,新黨才是真正的國民黨。1994 年,省市長暨省市議員選舉,我代表新黨參選台北市長,需要帶領一些人競選台北市議員。那次選舉等於是新黨初試啼聲,當然要

找最優秀的候選人來代表新黨參選。那時我們就發覺建國很優秀，中興大學應數系畢業，在台大取得三民主義研究所碩士學位，又到美國布朗大學社會學研究所攻讀博士學位。布朗大學是美國常春藤名校，很不容易，他在布朗大學拿到社會學博士後，就回到台大社會學系暨研究所任教，是當時台大相當年輕的副教授。能夠找到他，當然就要說服他。要知道，能夠進到台大教書並不簡單，而且這是可以做一輩子的工作。但建國和當年一批同樣從國外名校留學歸國的知識青年一樣，都懷抱著滿腔熱血，也看到了國家面臨的危機。當時我們所有人的確是有那種萬丈豪氣，想要為國家、為社會做一點事。

建國願意放棄這麼一個人人稱羨的工作，站出來為民服務，也感動了選民。他最後不負眾望，以中正、萬華選區第一高票當選，證明了選民的眼睛是雪亮的。那個時候新黨在台北市議會有 11 席，我記得建國還當了新黨台北市議會黨團召集人，這也很不容易。因為當時新黨的市議員幾乎都是學者出身，大家願意支持建國擔任召集人，足見都是對他的學識、人品、領導能力信服才有可能。

之後，我沒有繼續從事政治方面的工作。但我跟建國畢竟曾經一起奮鬥過，對他的印象還是一直很深刻。直到今天，我腦海中仍不時會浮現建國清秀的臉龐，總是帶著微笑。那天聽到消息，真的是很難過，特別是看到建國最後留下的那句話：「不公不義的台灣，我生不如死。」我想，今天台灣有這樣感觸的人，絕對不只有建國。

建國後來也離開政壇，從事中國大陸和兩岸關係研究，因此他知道大陸今天發展的情況，知道兩岸關係的情況，也知道美國的情況，知道美中台之間互動，一定也知道台灣今天面臨

的風險和危機在哪裡，我想他的感受肯定比一般人更為強烈。真正了解狀況的人，對於台灣當前處境，比起一般人會更為緊張和憂慮，但偏偏又很難去加以導正。今天在台灣，你只要說，兩岸應該維持和平，就會被說成是投降主義、賣台。所以我相信，建國一定有很深的無力感，也很無奈，內心必然是很痛苦的。

建國樂觀直率，既有學術根柢，又有實務經驗，是個不可多得的人才；具有學者性格的建國，絕不是消極憂鬱的人，一定是失望、絕望到了極點，才會做出這樣的決定。但逝者已矣，建國今天以此明志，為我們敲響了警鐘，的確也喚醒了一些人。我想，對於兩岸關係也好，對於台灣的未來也好，我們該做的做、該說的說，盡力來說服、爭取社會大眾的認同。

我一直相信，「不信公義喚不回」，時間總會證明什麼是對的，什麼是錯的。只是這個時間可長、可短，你真的不知道。我們常講，「政治眼前一寸，皆是黑暗」，你永遠不知道未來會有什麼樣的變化。但我相信，台灣的政治局勢終將會發生改變，兩岸關係的局勢也會改變。我們會記住建國最後留下的那句話，靠著大家共同努力，我們會盡力讓台灣的未來變得「有公有義」。

陽光笑容、熱血正義的年輕人

親民黨主席｜宋楚瑜

新年伊始，驟聞建國的噩耗，我心中感到遺憾與不捨。回想起他在 2000 年總統大選時，義無反顧的支持我與張昭雄校長，不僅幫忙連署、輔選，更屢屢在媒體前為我辯護，我至今仍感念在心。

我與建國認識的很早，在我擔任國民黨秘書長期間，也就是 1992 年 10 月 2 日，國際民主聯盟（IDU）在西班牙馬德里召開第 5 屆黨魁年會，當時我代表國民黨率團前往與會，簽署聯盟憲章，國民黨正式簽署成為 IDU 會員。並以「台灣寧靜革命」為題發表入會演說，介紹中國國民黨在台灣推動民主的

▲ 1992年10月2日，國際民主政黨聯盟（IDU）黨魁大會在西班牙馬德里揭幕，由時任中國國民黨秘書長的宋楚瑜率團參加，邀請龐建國和林澄枝分別以青年代表和婦女代表的身分出席。

成就，以及中華民國進步的現況。當時隨行的團員有婦工會主委林澄枝，另一位就是以青年代表身份隨行的建國。在與他相處的過程中，我發現這位「理工男」，不僅有著邏輯清晰的思考模式，更有關心家國社會的濃厚人文情懷！

建國從政以來，時刻關心青年議題、富有正義感，深獲民眾及青年學子的喜愛與肯定。2000年總統大選結束後，他也

參與親民黨的創立，並於 2001 年以親民黨籍當選台北市南區
立法委員。2004 年總統選舉，建國還擔任我和連戰先生「全
國競選總部」發言人、新聞組組長以及政策白皮書科技組召集
人。不論在哪一個階段，建國都是全力以赴，認真執著，扮演
好自己的角色。建國是個熱情洋溢且堅持理念、堅持大是大非
的人，雖然他在會議中常常直言建議，但始終保持著溫和謙遜
的態度，更令人佩服他的氣度與風範。

　　近年來，建國雖轉往學界發展，但仍十分關心兩岸議題
與公共政策。我每次讀到建國在報章媒體針砭時事的文章，
字裡行間還是能感受到他對國家的熱愛與對國家前途的憂
心。建國用自己的方式與大家道別，令人不捨！回首往事，
我依舊想起那位當年與我一同去西班牙，充滿陽光笑容、熱
血正義的年輕人！

安息吧，中山勇士！

中國文化大學社科院院長｜趙建民

　　早到校，助教慌慌張張的跑進來，說媒體求證龐老師墜樓事件，急忙撥龐老師的 line，五分鐘後，學校公關室來電……。

　　多年摯友暨同事驟然離世，有如晴天霹靂，首先想到的，是建國兄夫婦恩愛三十載，但膝下並無承歡，必須出來協助龐夫人秀珍女士處理善後。事實上，文化大學國家發展與中國大陸研究所的同學，已經自動自發的組織起來，很快的，我們決定向內政部和國民黨申請覆蓋國旗黨旗，對將全部生命都奉獻

▲ 作者（右二）與龐建國於 2019 年和平論壇會場合影

給中華民國以及他所信仰理念的建國兄，這是最後的一點感念，也是對他這段光彩人生的最大印證！

告別式上，我特別商請和建國兄人生戰場上關係密切的馬前總統、前海基會秘書長高孔廉先生、以及建國兄在台大唸書時，同為「三劍客」之一的現任救國團主任葛永光博士，親臨弔唁，並請前新黨主席周陽山教授撰寫生平事蹟。秀珍嫂要我也緬懷幾句，雖然上台致詞有如家常便飯，但是我知道這個時候，不能讓建國兄訕笑我感情脆弱，奈何無法承受之重。鑒於建國兄對兩岸和平交流的付出與期待，我也特別將今年六月輪由文化大學社科院主辦、廈門大學台灣研究院協辦的第八屆文廈兩岸關係論壇，改為龐建國教授紀念研討會，兩岸學界友人依依不捨，紛紛給建國兄臨別贈言！

　　第一次有機會近身觀察建國兄，是在 1992 年由當時擔任中華奧委會秘書長的李慶華先生，組織一個大專教授大陸訪問團，成員大約有二十人，其中多位後來成為政學界名人，包括大法官楊德宗、內政部長葉俊榮等，建國兄擔任副祕書長。馬政府上台後，我們先後到國安部門服務，但我借調到陸委會時，建國兄已經卸下海基會副祕書長一職，互動不多。2012 年我到文化大學服務，和建國兄結緣國發大陸所同儕，對台灣所面對的艱難處境，我們理念相同並肩作戰，成為相知相惜的朋友！

　　建國兄溫文儒雅、內涵富厚、休養自持，遺言「不公不義、生不如死」，有人將他稱之為「民主鬥士」。然而，我所認識的龐建國，先祖在清季參加新軍，親歷黃花崗起役及辛亥革命，先父為黃埔軍校七期的老國軍，加上當初選擇台大三民主義研究所就讀，在在說明了建國兄家風相承，誓志服膺中山學說、忠於中華民國的偉大志業，這也是為何當李登輝背棄承諾，不惜犧牲族群和諧裂解台灣社會，假本土化之名行個人集權之實，排斥 1949 年渡海來台的新台灣人於先，自甘於黑金漩渦於後，建國兄乃毅然決然，離開他念茲在茲的國民黨，在連宋分裂新黨凋零後，再度忍痛加入親民黨。維護中華民國法統、反對台獨、促進兩岸和平交流，成為龐建國教授晚年的不二志業。他離世前的兩本遺作—《廿一世紀三民主義》、《從實業計劃到一帶一路》，和早幾年出版的《孫中山思想的時代意義》前後輝印，可見建國兄早已立志追隨他的先祖，成為中山學說最忠實的捍衛者，化身名符其實的中山戰士！

當前台灣面臨巨大的治理危機，政客為了選票，不惜製造族群對立，還不時故意踩陸方痛處，以民粹愚勇的方式，向老百姓邀功愛台。台灣賴以自豪的民主生活方式，也在這種民粹風潮的壓制下奄奄一息，守護憲政的機關黨派化，學術自由宛如車履薄冰，以政治理由關閉電視台，以防敵為名制定各種限制性立法，支持境外勢力、賣台舔共的指控，竟然比白色恐怖時期還要氾濫。

兩岸關係在馬總統時期取得短暫的和平後，現在已進入空前危機，國際專家對台海可能於近期發生風暴的警訊此起彼落，然而從蔡總統到賴副總統到吳外交部長，仍不時提出兩岸互不隸屬、台灣地位未定的刺激性言論，對國人的生命財產安全，毫不顧念。作為一介書生，建國兄晚年傾全力推展兩岸和平交往，善意提醒執政者正視兩岸和戰問題、細心灌溉這個得來不易的民主幼苗。然而，言者淳淳聽者藐藐，掌權者視不同意見如草芥，誠可謂風雨如晦雞鳴不已，書生報國無門，屈原之志難伸，這或許是造成建國兄晚年抑鬱寡歡的主因，我們以前所認識的陽光男孩，其實早就離開了！

安息吧！大能中山勇士！你的戰場如此璀璨，接下來雖長路迢迢，就交給我們繼續衝刺吧！

懷念建國兄

前總統｜馬英九

今天在此與大家一起追思我們的好朋友 建國兄，內心有深刻的悲痛、感慨與不捨。他是大家的好夥伴，也是學生的好老師。建國兄的突然離去，在許多人心裡都留下了驚愕、悲痛與極度的不捨。

建國兄待人謙遜、誠懇，笑容和煦、真誠，從小就是一個陽光男孩，為周圍的人帶來溫暖。我相信，那是因為他忠於理念、熱愛臺灣、對中華民國堅貞不渝，不曾離開公共事務領域、一生為國家作育英才。

▲ 九二一大地震，台北市認養南投縣中寮鄉，時任台
北市議員的龐建國和市長馬英九赴災區視察。

　　大家所認識的建國兄，博學多聞、條理清晰，是一位風度
翩翩的學者，也是一位辯才無礙的民意代表，從大學講堂到市
議會到立法院到兩岸談判，都能夠勝任愉快。

▲ 2001 年 2 月，台北市長馬英九訪問香港，成為首位獲准在跑馬地馬場跑步
的政治人物，龐建國隨同陪跑。

　　他研究社會學出身，不僅對臺灣社會變遷、經濟發展、兩
岸產業合作有深入研究，更時常在各大報刊、網路分享他的精
闢見解，他所撰寫的專文，綜合了他對大陸社會的認識與對兩
岸發展的期待，深具參考價值。

　　我跟建國兄是在民國 76 年認識。當時，他剛剛從美國布
朗大學取得社會學博士回國，開始在臺大社會系所任教，並且
積極參與我們國民黨的青年工作，我身為國民黨副秘書長，跟
他常有互動，獲益匪淺。

民國 97 年，我擔任中華民國總統，建國兄也接下了海基會副秘書長的職務。他從 2008 年 6 月海基會與海協會第一次的「江陳會談」，他都參加，也在當中有許多的貢獻，在這點我要特別感謝他，畢生都為了促進兩岸和平交流努力，並且為此貢獻無數的心力。

能與建國兄相識結緣三十多年，我深感榮幸。如今我們失去了這樣一位博學、認真、誠懇、篤實的夥伴，讓人感傷不捨。我在此期許，未來有更多人能繼承建國兄的遺志，堅守中華民國理念，繼續推動兩岸和平的發展，我想這是在天上的建國兄念茲在茲的。建國兄，請一路好走，我們將永遠懷念你。

本文取自龐建國先生公祭致詞

▲ 2012 年 9 月，海基會副董事長兼秘書長高孔廉（右五）率團赴中國大陸參訪

悼龐教授建國千古！

海峽兩岸經貿文化交流協會會長｜高孔廉

今天孔廉是抱著極度哀傷的心情，同各位一起，來參加龐教授建國兄的告別式與追思會！

結緣建國兄是 2008 年，我們共同接手海基會的工作，他為人正直，善良謙和，實為菁英典範。

眾所週知，海基會是負責與大陸第一線協商工作的單位，在扁政府 2000 至 2008 年時期，兩岸兩會協商完全中斷聯繫，

那段時間海基會幾乎停擺。我們接手後，第一個重要工作，就是恢復兩岸中斷了 13 年（1995-2008）的協商。

我記得我們是 2008 年 5 月 27 日到職，隨即去函大陸海協會，建議在「九二共識」的基礎上恢復協商，大陸方面也很快覆函同意。然而，這次協商的模式與 1995 年以前，特別是 1993 年「辜汪會談」的模式並不相同，以前協商只有海基會的同仁，而這次協商是包括業務主管機關交通部的副首長，一個全新模式的建立，並無前例，所以事前規劃特別重要，建國兄在這方面發揮他的長才，做了大量準備工作，特別顧慮到兩岸對等尊嚴，才使中斷的 13 年的「江陳會談」順利進行，獲得圓滿成功，而這次的協商也為兩岸通航及開放大陸遊客來台觀光打下基礎。

建國兄念茲在茲的是兩岸關係必須和平穩定，人民才能安居樂業，而他在海基會工作的成果，也成為兩岸後來簽署 23 項協議的基礎，在 2008 至 2016 的 8 年，兩岸協商成果，包括直航、經貿交流、觀光客來台、陸生來台、學術交流等等，不但是 1949 年以來兩岸關係最好的時刻，而且在美中台三方關係也沒造成任何意外或困擾。

然而，2016 年蔡政府執政後，她選前對兩岸關係維持現狀的承諾完全沒有做到，兩岸緊張情勢大家都可以感受得到，建國兄眼見這種不利情勢發展，難怪憂國憂民、憂心忡忡。

除了兩岸協商工作成效卓著外，建國兄也非常關心兩岸產業發展，曾經與英業達董事長葉國一、龐夫人邱秀珍女士及林坤銘董事長共同籌畫協商兩岸產業標準，之後台灣成立華聚基金會，並與大陸舉辦兩岸產業標準論壇 10 多屆，成效卓著。

▲ 左起：龐建國、謝明輝、高孔廉

　　如今逝者已矣，哲人風範，永垂後世，建國兄功德圓滿，羽化登仙。今天眾多親朋好友前來在此送您最後一程，希望您在天之靈，保佑夫人及眾親友，事事平安，順心如意。我等將履行遺願，端正當前台灣不公不義的風氣，減緩兩岸關係緊張之氣氛，為兩岸關係和平穩定與台灣未來永續發展貢獻心力。龐教授建國兄千古，願您放心一路好走！

本文取自龐建國先生公祭致詞

▲ 作者葛永光為照片中間者

追念一位英勇的鬥士

救國團主任｜葛永光

1 11 年 1 月 11 日早上，我正趕往頭寮參加救國團向經國
先生靈前致敬的儀式，在車上看到群組中建國留下的訊
息：「不公不義的台灣，我生不如死！」，也看到幾位群組
中有人安慰他的話語。當時，只是覺得建國在發抒他的感慨，
並未有不祥的感覺，因為在我心中，他是一個堅強而又英勇
的鬥士，輕生不易與他連結起來。

　　到了頭寮，向經國先生靈前默哀行禮致敬完後，又到慈湖蔣公靈前行禮致敬，兩位蔣總統生前對台灣的貢獻良多，如果不是先總統蔣公，台灣可能早淪於共黨之手，如果不是先總統蔣公，推行土地改革，實施耕者有其田，三七五減租，並且推動各項工商建設，同時推行九年國教，培養人才，建設台灣，並推行縣市長和議員等民選，奠定民主根基，台灣不可能享有今天的富足安定。但是，綠營人士對蔣公的誣蔑、打擊不遺餘力，全面否定他的功績。這確實是一個「不公不義的台灣」。

　　向兩位蔣總統致敬完後，同仁突然向我說：「新聞訊息播出，龐建國跳樓輕生。」這個訊息像是晴天霹靂，讓我很難接受這個事實。前陣子，為了出書，大家在群組中常相互討論，建國也很積極的參與。更早，他因致癌引起大家關注，我和他通電話時，建國還很冷靜的告訴我，復原良好，不必擔心。沒想到這些竟已成為絕響。

　　「不公不義的台灣」，其實是現在很多人的感受，尤其是藍營的支持者。我目前在救國團服務，黨產會將救國團列為國民黨附隨組織，政治打壓及掠奪財產，我對「不公不義的台灣」感受格外深刻。建國的留言，其實引起了很多人的共鳴，也讓我回憶起結識他後，彼此一起為理想奮鬥的點點滴滴。

　　民國 67-69 年，我就讀於台大政治研究所，建國是台大三民主義研究所學生。我們都住在徐州路台大法學院研究生宿舍，建國住在我寢室的斜對面。由於志同道合，彼此常在宿舍中談天下論國是。我由於是台大畢業，大學時也是社團領導人，同時在校際學生社團中也較活躍，所以常應邀到各

校社團演講。建國是中興大學應用數學系畢業,他邏輯觀念清晰,分析條理分明,口才台風均佳,所以,我常邀他一起參加校內外演講座談會。建國有潔癖,他的書桌永遠整理的乾乾淨淨,出門時,他一定將自己打扮的整整齊齊,常常見到他出門前還在梳頭髮,總要將頭髮梳的一絲不苟,說明他是一個極注重細節和追求完美的人。

　　我們在研究所相處了兩年，一起參加了許多活動，建立了良好的革命友誼。民國69年8月，我考上中山獎學金赴美國威斯康辛大學麥迪遜校區（UW-Madison）攻讀博士學位。建國則在畢業後到中山大學中山學術研究所擔任講師，並在民國71年考上中山獎學金，赴美國布朗大學（Brown University）社會學研究所攻讀博士學位。當時，我在美國中西部，和一些中西部的留學生創辦了一份留學生刊物「大漢風」，創刊號的社論就是由我撰寫。建國則常在美國東部更早創立的留學生刊物「波士頓通訊」撰稿。民國73年冬天，我和朋友到布朗大學去看望建國，然後兩人冒著大雪開著隨時可能解體的老爺車，遠赴百里外的康乃狄克州的耶魯大學去探訪李復甸，當時復甸兄在耶魯訪問。我們傍晚抵達耶魯，復甸兄住在半山腰上已婚夫婦的宿舍，那時，華燈初上，夜幕低垂。靄靄白雪覆蓋大地，燈光輝映在白雪上，其景緻有如人間天堂，讓尚未婚的我們都羨慕不已。台大哲學系的傅佩榮兄當時也在耶魯撰寫博士論文，特別趕來與我們會面，四人在復甸家品酒聊天，高談闊論天下蒼生，直至深夜，佩榮兄才踏著深雪返回住處，建國和我則在如同人間仙境的復甸家留宿一晚。第二天一早復甸兄帶我們參觀了耶魯校園，然後我們就踏上歸程。回程距建國住處半公里汽車終於拋錨，如果是在半路上拋錨，在大風雪中我們可慘了。回想起來，這段經歷見證了復甸兄和佩榮兄與我們的結緣，及建國和我之間的真摯友誼。

　　留學期間，我應邀到密蘇里州聖路易市（St. Louis）參加中西部留學生活動，也邀請建國參加，當時邵宗海教授也在聖路易斯大學（SLU）攻讀博士學位，宗海兄一方面要唸書，

另一方面又在中國時報美洲版工作養家，非常辛苦。當時，時報余建新董事長也在聖路易斯，我們在宗海兄家暢談了一晚。

民國 74 年 8 月，我學成歸國在台大政治系和三民主義研究所任教，因緣際會的，後來也擔任過三研所所長，因此，部分的研究領域也跨越到將當代社會科學理論與三民主義的研究結合，使我和建國的學術研究也有了重疊的部分，也有更多的機會在學術會議場合會面。我們都致力於將三民主義學術化和現代化，希望中山思想能與當代學術對話，也能與當今世界潮流和發展相結合。

民國 75 年 9 月，我應救國團邀請率領「中華民國青年友好訪問團」美東團赴美訪問。建國特別趕到紐約與青訪團會面，並陪我們到波士頓麻省理工學院（MIT）大學演出，一路上熱心的協助我照顧和接待團員，團員們對這位大哥哥印象非常好，也都很感謝。

民國 76 年，建國取得博士學位返回台大社會系教書，我們有了更多互動的機會。當時，我應救國團潘振球主任邀請，在救國團兼任總團部學校組組長一職，負責全國學校青年的工作。我任內辦了許多活動，常邀請建國擔任輔導教授，我們當時都很年輕，充滿了理想與熱誠，對國家充滿了希望，對於有機會為國家培育青年人才，都感到十分的快樂。

記得有一次，我辦理全國文武青年大會師活動，邀請邵宗海教授和建國兩人擔任輔導教授，我們和學生相處了幾天幾夜，最後也在屏東陪學生們健行了將近二十公里，沿途上，有說有笑，雖然身體疲累，但心靈上卻是充實快樂。多年後，有一次三人遇到，都懷念人生中的這些際遇，宗海兄和建國都認為這是人生中最快樂的一段回憶。

　　民國 77 年 8 月，我接任北知青黨部書記長，建國擔任台大黨部 2 組總幹事，也是負責學生工作，我們彼此的互動更多，建國也是我在工作上的重要夥伴和諮詢顧問。我們常應邀到校園中參加統獨辯論，建國也常撰稿批判台獨理論，是一位有理念、有理想，而又能堅持到底的鬥士。

　　民國 79 年 3 月，中正紀念堂學運爆發。開始時只有幾位台大學運分子在中正紀念堂靜坐，要求解散國民大會和召開國是會議等。當時台大哲學系林火旺教授是台大課外組主任，負責學校與學生的溝通工作，林教授也到中正紀念堂陪學生靜坐並與學生溝通。後來學生開始串聯各校學運分子聚集到中正紀念堂，引起媒體注意，逐漸開始擴大。其實，後來加入靜坐的學生，多半都是單純的基於愛國意識和支持改革而加入，但開始帶頭和後來組成的七人決策小組成員，多半與民進黨有關連，民進黨也在幕後全力做後勤支援，使得學運政治化、複雜化。事實證明，學運發起人和決策小組成員中多數人，後來都成為民進黨、建國黨、社會民主黨的政治人物。

　　當學運擴大後，負責處理學運的層級已拉高到政府高層。但是在知青黨部內，也邀集了許多教授成立一個危機處理小組，經常集會研議如何和平的化解這場學運。學運後期，由建國草擬一份公開聲明，呼籲學生：政府已善意回應學生改革訴求，應「見好就收」和平散去。這份聲明文情並茂，說理清晰，後來敦請一些大學校長出面聯合發表，獲許多媒體報導，對最終學生撤出廣場，產生了一些影響。

　　在知青黨部期間，我結集了當時許多優秀的教授，大家常聚會，為共同的理想奮鬥，也都希望國家能安定、進步、繁榮。同時，大家也都全力培養許多優秀的學生。

　　記得我在救國團時，原本就約集了一些大學教授每星期在金華國中打一次籃球。一方面運動健身，另一方面以球會友。民國 77 年 8 月李慶華成立一社團「中華民國歸國學友協會」，都是從海外學成回國的志同道合的朋友，多半在學術界，部分在企業界，也有人開始在黨政界嶄露頭角。慶華兄也想組織一個籃球隊，來找我商量，後來決定與我組織的籃球隊合併，我擔任第一任隊長，先是在金華國中，後改在中油籃球館每周日打球。開始時球隊聚集了很多好友，包括邵宗海、蘇起、胡志強、龐建國、趙春山、趙寧、趙怡、簡漢生、姚立民等人，後來林火旺、老國手王啟先、影帝寇世勳也來打了一陣子。當時大家都年輕，趙春山打過政大校隊，我也在初中打過校隊，趙怡、趙寧兄弟等多人也球技不凡，於是大家也有雄心壯志要參加正式比賽。慶華兄請了老國手謝恆夫擔任教練，謝教練訓練了球隊幾個星期，很婉轉地跟大家說：你們還是自己玩玩聯誼較好。雖然如此，謝教練陪我們球隊玩了三十多年，每星期日為我們吹裁判，成為大家最好的朋友。建國的出席率最勤，當時隊友多人都尚未婚，所以，我們常常有時間在打球後聚餐、聊天。後來我結婚時，也請了建國擔任我的伴郎，孫安迪則擔任婚禮司儀，我們三位在當時被一些朋友稱為「台大三劍客」，兩位都是我最好的戰友。安迪兄因為反對台獨立場，後來在系上升等也被親綠學者阻擾，但是他現在已是知名的免疫學專家，在國際期刊上發表過多篇論文，而且他研發的「安迪湯」已是遠近馳名。回想起來，後來這些朋友的發展都各有一片天，當時的球敘可能是我們每個人一生中最沒有壓力、最快樂的一段時間。如今，建國、趙寧、王啟先都已離我們而去，令人不勝感慨。

　　民國 80 年 3 月，我率團赴華府參加「國際青年民主聯盟」
（International Young Democrat Union, IYDU）成立大會，
我邀請建國為團員之一。IYDU 是國際民主聯盟（IDU）下的一
個青年組織，IDU 是國際三大政黨組織之一，是國際上中間偏
右的政黨所組成，美國共和黨和英國保守黨都是成員，國民黨
當時尚未正式成為會員。出發前，我得到的訊息是，籌備單
位計畫安排我代表國民黨出任執行委員。到了華府，我們了解
到，籌備單位已安排澳洲代表 Mark　Heywood（主要創立者，

澳洲與美國、加拿大分在同一區）出任主席，歐洲因為會員較多，安排兩位副主席，拉丁美洲一位副主席，亞洲則由我出任執委，沒有副主席。這是我第一次參與國際政治，直覺上覺得此安排並不合理。

到達華府第一晚，我們立即開會研商，最後決定要代表亞洲爭取一席副主席職位。我們立即分工，建國負責與美、澳、加拿大聯繫溝通，董保城教授和陳金貴教授負責與歐洲溝通，我負責亞洲和拉丁美洲。我先和亞洲、拉美代表談，亞洲日本自民黨和韓國民主自由黨代表均表示支持我代表亞洲參選，拉美代表也支持我的論點，認為國際組織區域代表性要兼顧，加上拉美國家代表多為我邦交國，都同意支持我方代表亞洲取得一席副主席。建國與美澳加組談完，由於美澳加與歐洲早已交換條件談妥，所以美澳加三代表表示要與歐洲協商。與歐洲協商初始並不順利，歐洲認為他們會員最多，主席已讓出，理應有兩席副主席。後來我告知美澳加代表，亞洲和拉美都支持我方擔任副主席，三國代表才鬆口，只要歐洲不反對，他們也支持。最後我們集中火力說服歐洲代表，德國代表 Klaus Welle 同意放棄並支持我方取得一席副主席，最後我也順利高票當選副主席。Welle 成為我的好友，後來他到台灣訪問一星期，由我接待並安排他的行程，我也邀請建國一起到台大陪同 Welle 參加與學生的座談會。1992 年左右，我到波昂訪問，他在德國基民黨中央辦公室接待我，當時他是基民黨外交政策部門的主管，他拿出一份檔案告訴我，他到台灣是受基民黨主席之命考察兩岸政策的議題，回德國後他寫了一份報告，提出七點建議，對德國對台政策如何改善，提出許多友善的建議，我才知道他當時的訪

問如此重要。Welle 從 2009 年起擔任歐洲議會秘書長職位，可見德國培養年輕人是多麼有計畫。

民國 81 年 10 月 2 日 IDU 第五屆黨魁大會（Party Leaders Meeting）在西班牙馬德里召開，我代表 IYDU 參加黨魁大會，坐在當時 IDU 主席瑞典總理 Carl Bildt 旁，與各國政黨領袖同席開會。當年，國民黨正式通過成為會員，宋楚瑜以國民黨秘書長身分率團參加黨魁大會，建國也是團員之一，可見宋秘書長對他的重視。我在現場聆聽宋秘書長在大會的演講，他主要談到國民黨領導的「寧靜革命」，給各國黨魁留下深刻印象。

民國 83 年，建國在台大申請升等為教授，社會系審查送出時，建國排名第一，同系林姓教授排在第二。我當時是台大法學院教評會委員，不過當時教評會親綠學者佔三分之二。依據慣例，教評會通常會尊重系所的決定，因為只有同系的人才更了解教授們在教學、研究和服務上的表現，何況，建國著作的評審人都給他高分，而林姓教授的評審有一位給他七十分不到（教授升等要七十分以上），可是當時教評會非常政治化，我雖然表達以上的觀點，認為建國依理依法應該優先升等，可是，表決結果，林姓教授硬是被排在第一，受到各系名額限制，建國當年未能升等。建國個性很冷靜、溫和，但跟我說過：這是他第一次感受到不公不義，連學術界都結黨營私、黨同伐異，沒有基本的是非、公理，這是引起他對學界失望，興起參政與透過政治來改變這不公不義現象的心理因素。

民國 83 年建國接受新黨徵召，投入台北市議員選舉，並且高票當選市議員。他從政後，我們在不同的崗位上忙碌，見面的時間減少，但是知道他問政表現不錯，後來又代表親民黨

參選立委當選，最後又回到國民黨和學術界，我們的互動次數才又增加。

這些年，很多台大綠營教授都去從政，政治上發生的很多事，如年金改革、關中天電視台、促轉會和黨產會的轉型不正義，NCC 選擇性的介入新聞和言論自由，大法官的政治釋憲、監察院的選擇性辦案和不作為……等，都和綠營的這些教授有關，也都讓建國回想起台大法學院教評會的結黨營私和多數暴力，讓他深感學術與政治的墮落，已使台灣社會的不公不義正快速地蔓延中。

建國常在報刊發文和電視受訪時，勇於批判這些不公不義的情事，引起許多人的共鳴。偶爾大家聚會時，談到時局，一方面憤慨，另一方面又深覺無奈。大家都清楚，當前時局需要一個強而有力的在野黨，來制衡執政者的濫權腐化，可惜，在野黨的不團結，一再分裂，造就了今天的執政黨。

建國生前最後的這段時間，除了教學、撰稿外，和我們這些朋友也一起努力執筆、合力出版有關三民主義的書籍，希望為國民黨找回及重建中心思想。缺乏中心思想，是國民黨當前最大的弊病，也是國民黨人思想不能集中、共識不能建立、黨人缺乏信仰、以致力量不能整合的主要原因。由於缺乏中心思想，國民黨不能藉之發展出有力的論述，作為克敵制勝的思想利器。建國和我輩都認為，要制止奸邪當道、鼠輩橫行，必須重振國民黨的中心思想，使國民黨成為一個以天下為公、同心同德，以主義號召群眾的強有力政黨。如此，才能重建台灣成為一個公義的社會。

建國在一篇媒體專訪中曾說到：「一個人的成長過程多少都會遇上一些良師益友，藉由這些人的指引，不僅開拓個人心

靈空間,更導引個人邁向提昇自我的蹊徑。」在這篇專訪中,建國談到與我交往的片段,很高興建國視我為其益友,我也以結交過這位朋友為榮。

「不公不義的台灣,我生不如死!」這是多沉痛的告白與呼籲,也代表建國對當前時局的抗議。回憶過去幾十年與建國的相處,總覺得我們志同道合,情同兄弟。我們一起經歷過許多事,也一起為中華民國奮鬥過,如今,斯人已去,但那個謙和、冷靜、始終帶著淺淺微笑、一直維持著一絲不苟的服裝儀容、而又充滿理想與堅持不懈奮鬥的英勇鬥士,似乎仍在我們的周遭。我們仍會堅持我們共同的理想,繼續為建設一個公義的台灣社會奮鬥,也希望建國在另一個世界快樂的重生,並護佑我們繼續前進!

想對老友撰寫的一點思念

澳門理工學院榮譽教授｜邵宗海

想對老友龐建國教授撰寫一點思念，時間就似乎開始停格在 2022 年 1 月 11 日的那天上午，對「老龐」而言，這個忌日，竟然有「三個 2 以及三個 1」的數字，是很罕見的！但就龐建國不幸墜樓的電視訊息在那天播出時，所有在我當時所聯想的事情，一下子全都震憾悼了！我在第一時間就在臉書上寫出：「老龐，難以接受的，是從 1975 年起認識了你，一直認定你就是一個『陽光男孩』，怎麼會在最後時刻，用這種方式結束了生命？或許另一種思考，你對現實政治的不

滿，或說你終於脫離了病痛，但我深信，更多好友，更多你的學生們，本來還是希望你能繼續留在杏壇的教桌上的。只能說，早點安息吧！老友！」

這是聽到「老龐」的不幸訊息，我的立即反應。但等到日子過去了一段時間，我才發現：對一位多年的老友，也是多年的同事，其實還有更多回憶，我還沒來得及一一滴出。在紀念式舉行之後，接到秀珍的電話告知想出一本對「老龐」的紀念文集，我才驚醒：何不把曾經對「老龐」尚在世時，想告訴他的一些內心話，趁這個機會吐出？

等到真正想把話用文字表達時，才發現有多艱難？或許有朋友看到我這樣表態之後，會以質疑的眼光來詰問：寫了那麼多書，發表了那麼多文章的我，竟然對老友最後思念的撰寫，會有那麼樣的艱難？

　　我的誠懇懺悔是：對「老龐」的回憶，我確是無法用華麗的文字來表達，因為任何一段與「老龐」交往過程的追述，我必須要用最虔誠的的態度來記錄。

　　與「老龐」的相識，應在 1978-1979 年間，他當時正準備追隨李煥一起南下去高雄籌設中山大學，工作單位應在剛創設的「中山學術研究所」，李煥則擔任了首任校長。後來，他考上中山獎學金離職前往美國布朗大學深造，攻讀博士。

　　與「老龐」再次親近，應在 1984 年的那次暑假，我在美國密蘇里大學辦了一場台灣留學生的聚會，老遠的從東岸布朗大學邀請「老龐」蒞臨與會，給這些剛來美國不久的台灣留學生一些在美國攻讀學位的經驗。同時與「老龐」一起前來夏令營授課的，尚有在威斯康辛大學麥地遜校區攻讀政治學博士學位的葛永光，他們倆人在夏令營活動結束之後，尚在我家逗留好幾天才回到學校。但這次的歡聚，建立了我們三人深厚的「革命感情」。

　　1987 年，我們三人均學成回國，我幸運的進入政治大學擔任客座教授，永光與「老龐」則去了台大政治系及社會系。三人更是經常在一起，譬如說，承受當時在救國團兼任學校組長的葛永光之邀，經常在暑期營隊活動裡擔任指導老師。記得最「壯烈」一次，是剛回國的第二年，參與了各高校學生領導幹部的健行活動，一場在屏東 27 里的健走，為人師表的我，為了逞強差點陣亡，只有「老龐」面不更色，臉不紅氣不喘走畢全程，為學生作了表率。後來，我才知道，「老龐」每天跑台大操場跑道五千公尺，有他實力的存在。

　　另外，為了理念「反台獨」，「老龐」與我及永光，經常被邀參與「台獨大辯論」活動。記得當時政大中山所馬起華最

　　愛主辦此類活動，我與「老龐」經常被邀擔任「正方」辯論隊
伍，記憶中對手交手多次的應是「反方」的主將林濁水。不但
如此，「老龐」還勇氣十足的，單獨一人到獨性甚足的校園裡
去辯論。

　　值得一提的，我與「老龐」當時還受國民黨文工會之邀，
帶領在北部地區各主要校區的國民黨年青一輩的研究生，從事
於與主張台獨的學生進行筆戰。這樣的一個活動，由於大家經
常有聚會，沒想到就促成了「老龐」與當時就讀師大研究所邱
秀珍的一份戀情。他們的「感情慢跑」延伸了很久，記得是秀
珍已經得到學位後，到電視台擔任主播了，才點頭接受了「老
龐」的求婚，結成佳偶。

　　等到都有家庭了，往來就沒有那麼密集。但一些重要的集會，還是有「老龐」的影子。有年立法委員選舉，就在投票的前一天，我帶領「老龐」在政大的後門，向來來往往的文山區居民請求支持。文山的木柵區，是我 1991 年競選國代的鐵票區。我們倆人就在橋頭向人鞠躬作揖請托了整整一個下午，結果第二天開票，果然開出佳績，「老龐」擠身立法院，成為國會議員。

　　後來我接文化大學社科院院長，「老龐」也到文大任教，一直到我前往澳門理工學院就職，我們從好友變成同事，多年情誼得以再續。雖然還有很多事未來得及完成，徒留遺憾，但我必須要說，在面對台獨的鬥爭中，從未見你退縮。「老龐」，你是最勇敢的人！這一點我也親口告訴你的妻子秀珍，我們將記得你所留下的典範，永遠懷念你。

四十年前的一段往事

中國文化大學法律研究所教授｜李復甸

南宋辛棄疾與陳亮主張抗金，恢復中原，是志同道合的好友。淳熙十五年（1188）冬，陳亮先由浙江東陽出發到江西上饒，拜訪罷官閒居帶湖的辛棄疾，二人還寫信約了朱熹到江西紫溪會面，共商北伐大計。辛棄疾與陳亮同游鵝湖，抵足同眠，暢談國事。後因朱熹未依約來江西，陳亮方決定返回東陽。辛棄疾於別後次日，覺得該挽留他再多住幾天，騎馬欲追趕陳亮回來。到上饒東鷺鷥林，因雪深泥滑不能再進，只好悵然返回。稼軒還做了一首賀新郎誌其事：

「陳同甫自東陽來過余，留十日。與之同游鵝湖，且會朱晦庵於紫溪，不至，飄然東歸。既別之明日，余意中殊戀戀，復欲追路。至鷺鷥林，則雪深泥滑，不得前矣。獨飲方村，悵然久之，頗恨挽留之正是遂也。夜半投宿吳氏泉湖四望樓，聞鄰笛悲甚，為賦《賀新郎》以見意。又五日，同甫書來索詞，心所同然者如此，可發千里一笑。

把酒長亭說。看淵明、風流酷似，臥龍諸葛。何處飛來林間鵲，蹙踏松梢微雪。要破帽多添華髮。剩水殘山無態度，被疏梅料理成風月。兩三雁，也蕭瑟。

佳人重約還輕別。悵清江、天寒不渡，水深冰合。路斷車輪生四角，此地行人銷骨。問誰使、君來愁絕？鑄就而今相思錯，料當初、費盡人間鐵。長夜笛，莫吹裂。」

一九八四年冬，我在耶魯大學客座研究，龐建國與葛永光來電將路過紐海芬，將來宿舍小坐。當天下午陪同兩位在耶魯

校園遊逛了一圈，傍晚回到宿舍。內人早知道兩位到臨，特別去了中國店（China Trading）買了一些超市買不到的材料，準備了一桌接待兩位。我也邀了當時還在寫博士論文的傅佩榮一起便餐。那時，大陸剛開始改革開放，台灣也正醞釀解嚴。台灣各類政治刊物叢出，言論日漸高漲。大陸也開始有「中國之春」與「探索」雜誌，提出高度質疑中共專政的言論。葛永光率先在美國中西部辦了留學生團體的政論雜誌「大漢風」。龐建國與我則在「波士頓通訊」撰寫評論文章。當時年輕人的熱情非常之高，對中國與兩岸前途的討論，格外澎湃激昂。

當晚幾個人開心好吃了一頓。大快朵頤之時，慷慨時局議論國是，也大有「醉裡挑燈看劍」的豪情。從傍晚到深夜，連消夜甜點都吃了兩道。大雪不停，這是那年第一場大雪。過了午夜一點，傅佩榮起身要回宿舍，我們說近膝深的積雪中，獨自走四十分鐘太冒險了，在我這裡窩一晚吧。佩榮還是掛念論文，連夜走回宿舍去了。龐、葛兩位就在客廳中，彈簧兀凸的沙發床上將就了一夜。第二天，兩人又上了那輛南征北討的破車，在積雪中奮戰了許久，才爬上積雪未清的斜坡，離開耶魯學人宿舍，北返布朗大學。

近四十年光景，建國兄已然悲壯離世。我與永光兄也都監委離任，學校退休。重溫稼軒與同甫的帶湖故事，長夜笛，莫吹裂。回想紐海芬當年雪夜長談，備感唏噓。

▲ 留學生涯第二年（1983年）龐建國從學校宿舍遷出，搬到這幢維多利亞式洋房的 3 樓居住。

榆樹街往事—記布朗大學的留學生涯

龐建國

民國七十一年八月下旬我進入布朗大學，展開了五年的留學生涯。布朗大學是美國第七個成立的大學，和哈佛、耶魯、普林斯頓、哥倫比亞、康乃爾、賓州以及達特茅斯等另外七所大學合稱「常春藤聯盟」，乃是美國歷史最悠久的幾個學校。這幾個大學由於歷史悠久，校園中會有一些爬滿常春藤的老建築，所以習稱「常春藤」聯盟。除了歷史

悠久之外，常春藤聯盟的共同特色是，均為私人創辦，學費昂貴，師資、設備一流。我幸好有獎學金支付學費與生活費，否則可不敢去唸這種貴族學校。

「空前絕後」的包伙經驗

說到吃，中國同學到美國唸書，最不習慣的事情之一，大概就是老美的飲食。的確，對於吃慣中國菜的人來說，老美的烹調可實在不太敢領教，所以，大多數的中國同學，尤其是攜眷伴讀的人，大都自個兒弄吃的。不過，由於我實在懶得下廚房，也不想把時間耗在買菜、做菜上，因此，硬是從入學報到開始到畢業離校為止，都在學校的學生餐廳包伙。聽說，自有中國同學到布朗留學以來，這樣子一以貫之的吃學校餐廳伙食的人，我是前無古人，而這項紀錄到目前為止，也是後無來者。

其實，對於能夠接受西餐的人來說，布朗學生餐廳的伙食是相當不錯的。它的伙食供應方式，就像今天台灣相當盛行的西式自助餐，任你吃到飽。平常的主菜不外乎炸雞、漢堡、魚排、炸蝦、紅燒牛肉之類的食物，做法當然不如外面的餐館精緻，但也不難吃。偶爾加菜吃龍蝦、牛排、炸干貝、烤羊腿的時候，可就賺到了。比較令人覺得好笑的是，大廚師心血來潮的時候，也會來道中國菜，像弄個腰果雞丁和胡椒牛柳之類的，不過，坦白說，實在是不甚高明。

講完了吃，不妨再來談談衣。布朗雖是貴族學校，學生大都來自富有人家，不過同學們的平常穿著還是滿樸素的，與台灣大學生的穿著沒有太大的差異，Ｔ恤衫、牛仔褲、運動鞋、夾克是最常見的穿著，女同學也很少化妝打扮。在這種環境中，入境隨俗，我的日常穿著也差不了多少。倒是在餐廳吃飯

的時候，常見五位老兄經常西裝筆挺，打聽之下，才曉得是約旦國王胡笙的兒子和他的四名「書僮」。這位約旦王子和我同年畢業，舉行畢業典禮時，胡笙國王和皇后也來參加，校園裡著實熱鬧了一番。

王子與公主的衣著

除了約旦王子之外，同時期另一位就讀布朗的名人子女是前美國總統卡特的小女兒艾美。這位在卡特競選時經常陪在身邊的小女孩，在校園裏的穿著可還真有點兒嬉皮的味道。比約旦王子和艾美要早畢業，和我只有一年重疊時光，是故美國總統甘　迪的兒子。他在校園中最被人傳誦的事情，就是在「漂亮寶貝」布魯克‧雪德絲挑選大學的時候，當這位紅星的導遊，一起逛布朗的校園。不過，漂亮寶貝最後選擇了普林斯頓大學。

留學生涯裏，住當然也是一個重要問題。我在布朗的第一年是住研究生宿舍，目的是希望和外國同學多相處，以便練習英文會話。然而，後來發現，由於研究生宿舍設備「太好」，是每個人自己一個房間，平常大家各自忙自己的功課，難得擺龍門陣，練習會話的機會並不多，所以，第二年開始還是搬到了外面，和另外三位台灣來的同學一起租了一幢洋房的三樓。

這幢維多利亞式洋房的三樓，傳統上一直是由台灣去的同學租住，聽說風水不錯，因為住過這兒的同學，大多學有所成，取得了博士學位。不過，文風鼎盛之餘，紅鸞星卻黯淡無光。和我同住的二位同學，在留學期間的感情生活好像都乏善可陳，學成回國之後，有兩位混了四、五年才找到另外一半，至於第三位老兄可是到現在還跟我一樣的打光桿。

「頭又大」走天涯

　　談完了住，再來講行。到美國留學，除了到像紐約這樣的都市，可以靠地下鐵通勤上學之外，其他的地方都免不了要買輛車子，否則實在寸步難行。當我從宿舍搬到校外之後，也很自然地買了一輛代步。因為阮囊羞澀，我接手的是一輛一九七二年出廠的 TOYOTA，大家不難想象，這輛車子到手時，已經是何等的老舊，它的狀況真可以用「除了喇叭之外全身都響」來形容。

▲ 這輛「頭又大」是龐建國留學時的代步工具，並曾在寒冬中遠征耶魯大學。

　　不過，老歸老，它還是伴我度過了四年的留學生涯，其中，還一度在寒冬裏遠征耶魯大學，並在大風雪中硬撐到離家只剩半里路時，才鞠躬盡瘁地拋錨。這輛「頭又大」在我畢業的時候，免費送給了一位學弟，現在，想必已經長眠廢車場了。

　　食、衣、住、行報告完之後，當然該談點功課方面的事了。我在布朗主修的領域是社會學中的發展社會學和都市社會學，發展社會學用比較通俗的話來說，就是開發中國家現代化的比較研究。在開發中國家的行列裏，中華民國台灣地區的發展成就是從一九七〇年代末期開始受到重視的，當我在一九八〇年代初期到美國唸書的時候，美國的學術界已經普遍承認台灣的優越表現，所以，在課堂上，台灣經驗每每被引證為成功的範例，讓我可以揚眉氣一番。

始料未及的「學以致用」

　　令人感慨的是，最近這些年來，從我的專業知識出發，卻讓我看到了台灣經驗璀璨的光芒中，許多腐蝕既有成就的陰影，正不斷滋長擴大，雖然也曾以大學教授的身分盡過言責，卻好像產生不了任何作用。面對爛和亂，既不能退縮進學術的象牙塔中不聞不問，就只好跳進政治圈中以更直接的行動來盡一份心力了。

　　比較欣慰的是，走進市議會之後，發現在美國研習的都市社會學方面的專業知識，如都市更新和都市保存之間的平衡融和，以及都市生活特性和都市社會問題的交織互動等等，獲得了從理論到實踐的印證機會，其中頗有興趣盎然之處，使我在台大課堂上的引證資料豐富了起來。同時，發展社會學的理

論基礎，也有助於我從世界政經體系變化和整體國家發展的角度，來觀察台北市政的數個點面，研析諸如亞太營運中心和國際都會營造之類的問政課題。

　　回國後，常有年輕朋友問我該不該出國唸書，我總是持比較正面鼓勵的態度。因為，生活在彼此關係日益密切的地球村上，我們實在需要多一些對別人的了解，多一分放眼天下的情懷。

原文刊載於 1995 年 9 月 8 日大成報十二版

從「過節」到過「節」

中山大學政治學研究所教授｜廖達琪

今年1月11日，龐兄以石破天驚的方式，選擇離開人世！消息傳出，認識他的朋友故舊，很難不驚愕、嘆息，怎麼會是一向看來樂觀開朗的龐兄呢？

認識龐兄已超過40年，且是由一段「過節」開始。遙想當年，仍是「三民主義」具政治正確的大環境背景下，教育部很重視「三民主義研究所」學生的校際交流及切磋，固定

召開年度的研習會，讓各校研究生們思辨討論相關議題，並推派代表做總結報告等；在一場總結報告中，龐兄先發言，我在其後，只記得當時似為了讓發言更有臨場交鋒的感覺，我用了龐兄所說做為例子（具體內容實在不記得），略帶批評性提出不同觀點，我雖無惡意（唉，好辯的毛病，對不起龐兄），但龐兄大概沒有心理準備，當下臉色似稍有不虞，我也沒立馬道歉！就似這麼結下了點小樑子。

民國 69 年中山大學在高雄成立，中山學術研究所所長—朱堅章老師，當即邀龐兄到所擔任講師，並協助所務。因朱老師處事追求完美，待人親和細膩，以突破框架格局的來設計中山所課程，並敦聘台北中研院、台大、政大等政治、經濟、社會領域的碩學俊彥南下高雄上課；因他體貼這些大師的南北奔波，各項接待細節，力求盡善盡美，龐兄的辛勞可想而知，朱老師也看在眼裡，且多少期待龐兄應繼續唸博士，故第二年決定增聘一位講師。在決定要聘我之前，朱老師先徵詢了龐兄的意見，龐兄寬宏大量表示：雖與廖達琪有點小「過節」，但沒問題可以共事。朱老師約我面談時，特別提起這一段，我自然非常感謝龐兄的氣度，也向朱老師保證：沒問題。

實際上，龐兄與我在中山所共事的這一年，在朱老師的帶領下，與我們年紀相仿的中山所學弟、妹們，相處如家人；「龐兄」、「廖姐」的稱謂也就沿用至今。（參見文首照片，第一排右起：朱堅章、張京育、郭仁孚、李亦園；第二排最右龐建國，最左筆者；其他為第一、二屆的研究生）。

民國 94 年，朱老師去世。他在的時候，每年過年時節，會召集龐兄、我和中山所的早期畢業生，一起聚餐敘舊；他

　　走了，我們還是傳承了這樣的過「節」習慣，龐兄總是有美麗的秀珍嫂，相伴出席。而我和龐兄早期的小「過節」，早已成為節慶時，親朋歡敘的過「節」了。

　　龐兄，看到秀珍嫂的堅毅，相信你的在天之靈，既坦然又安然。

▲ 2004 年 1 月 10 日新春聚餐，第一排左起：龐建國、朱堅章、李煥（中山大學創校校長）、郭仁孚、筆者。

▲ 照片中第一排左邊為朱堅章教授

勸酒與微醺

龐建國

　　國內西洋政治思想的權威學者朱堅章教授最近過世了。

　　朱教授的辭世，不僅使學術界少了一個治學嚴謹、教學認真的典範，也讓政治圈少了一個高風亮節、有為有守的標竿。對認識朱教授的政學界人士來說，他是一個與人為善而客觀公正的益友；對和朱老師比較親近的學生輩來說，他更是一位在權謀政治環境中能保持學術良知，發揮清流影響力的良師。所以，儘管朱老師交代身後不辦喪禮或追思會，但

是，故舊門生總覺得該以某種方式來紀念他，這篇短文，也是獻給朱老師的一點心意。熟悉朱老師的人都曉得，他不煙、不賭，但是，喜歡和朋友、學生聚聚餐、喝喝酒，他的酒量不錯，不過，更好的是勸酒的功夫。他的勸酒方式，不會讓人有打鴨子上架的壓力，而能使人欣然舉杯。和朱老師暢飲的次數比較多了之後，我發現，他勸酒的基本法則，一言以蔽之，叫作「求同化異」。

每回勸酒的時候，朱老師總是可以在同桌共飲的伙伴中，找到各種以「同」為基礎的相互關係的排列組合，無論是同學、同鄉、同宗、同年或者其他可以化歸為共同的成分，都可以用來勸酒。這裡面，同學可以從同班、同系、同個學院、同個年級擴展到同個學校，也可以從研究所、大學部、高中、國中、小學、幼稚園、下探至托兒所。同鄉可以從同個村落、同個鄉鎮、同個縣市、同個省分到同個南北或東西，也可以計入生命歷程中的某個時段，不管是求學、當兵、就業或旅遊，曾經在那兒駐留。同宗不僅包括本身的姓氏，也納入母親的姓氏、配偶的姓氏和五百年前是一家。同年則除了年分之外，月分、日子和時辰都可以分別歸納出同之所在。於是，桌子上一群因為各種共同因素而相互敬酒的人，發現彼此竟然有那麼多值得舉杯的連帶關係，感覺自然熟悉了起來，場面自然熱絡了起來，隔閡差異也就消失在酒酣耳熱之中。朱老師很會勸酒，也喜歡場面熱鬧，但是，卻從不做過量的要求，也不會讓場面失控，他對喝酒量度的掌控標準是適可而止的「三分酒意」，或者，用他的說法，叫「微醺」。

能喝的人，朱老師會要求乾杯；不能喝的人，朱老師則鼓勵酌量。可是，不管乾杯還是酌量，當喝的人接近微醺狀

態的時候，朱老師就會放緩勸酒動作，把目標轉到還有餘量的人。所以，每次和朱老師聚會，大家總是在微醺情境中，賓主盡歡而散。不管是在學界或者是進了政壇，朱老師「求同化異，與人為善」和「適可而止，不為已甚」的待人處世風範，一直是我的榜樣。雖然，在喜愛鼓動分割對立的政治氛圍中，走偏鋒和搞誇張好像比較容易爭取曝光和選票，理性溫和、實在做事的問政路線似乎注定了要吃虧，然而，看看朱老師在故舊門生群中所獲得的尊敬與懷念，得失成敗應該是有另外一種評價。

　　哲人已渺，但典型猶存，但願我們的政壇乃至於整個社會，多一些求同化異、適可而止，少一點分割對立、誇張偏執。謹以此文紀念朱老師。

原文刊載於 2005 年中國時報名家專論

向一位同病相憐的同志致敬

華梵大學兼任特聘教授｜杜震華

龐建國教授，在民國 111 年的 1 月 11 日清晨，縱身一躍離開了人世，行前在眾多友人的手機留下：「不公不義的台灣，我生不如死。」我當天清晨 7 時 1 刻看到簡訊，立刻回覆他要沉住氣、大家共同努力，但已經無力挽回。藍營一位最具戰力的道友，就這樣告別人世，令我們這些生者難以承受。

每次看到建國兄，永遠是一幅笑容可掬、和顏悅色、輕聲細語的謙謙君子容貌，就像一個陽光男孩，給人無限的溫暖和喜悅。第一次見到他，是在一堆台大「三民主義研究社」朋友家中的聚會。當時，建國兄在台大三民主義研究所碩士班，考上了著名的「中山獎學金」，正準備到美國常春藤名校布朗大學（Brown University）深造，聚會的目的就是為他餞行，我剛好從曼谷回來，得以參加盛宴。雖然退休後記憶力持續減退，但腦海中還是能浮現出當時眾人欽羨、期待的眼光，以及他那旭日將昇、意氣風發的迷人風采。

我在台大農業經濟系畢業後工作兩年，1979 年拿到獎學金去泰國法政大學念經濟學碩士班，1981 年轉赴美國紐約州立大學念博士，1983 年轉校到約翰霍浦金斯大學，1987 年建國兄已完成學業回台大社會系任教，我卻因轉學蹉跎了時光，這年底回國進中央研究院經濟所，開始工作並撰寫博士論文。之後，建國兄很快就在國內打響了名號，經常看到他在報刊的鴻文高見。

　　隨後，我在 1990 年完成論文獲得學位，並在 1991 年 2 月開始和台大三民主義研究所合聘，我們頓時又變成徐州路台大法學院（後分為法律學院和社會科學院）同事。雖然同處一地，但其實見面的機會不多，因現代社會大家都各忙各的。到 1994 年，他接受新黨徵召競選台北市議員，並以最高票當選。後來我才聽說，是因為他升等正教授不順利，以社會系的第一順位卻被「院教評會」不公平對待，升了第二順位的偏綠教授（林萬億），才導致他棄學從政。

　　建國兄 1998 年連任了市議員，2002 年出任立委，2005 年回歸學界到了中國文化大學。我和他的遭遇也有部分類似，但次序則有不同。我在 1996 年初受到王建煊感召（專家學者都躲在溫室裡不參與政治的話，國家不可能變好）而加入新黨，被新黨提名在雙和地區參選國大代表，獲得新黨最高票而順利當選；但國代是兼職，主職仍在台大擔任教授（若非內人堅拒，我可能是新黨在中和的立委）。但這個時機參與政治對我極端不利，因為我在台大的年資剛好到了升等階段，於是，我連續在 1996、1997 和 1999 年三次升等，都被綠營教授杯葛，未能升等成功，1996 和 1997 還都是被同所年資較低、研究、教學和服務都不如我的陳明通教授強行競爭，但有人刻意掩護他所致。由於校教評會主要成員（學院院長）偏綠，且情況不易改變，於是我在 1999 年升等失敗後決定放棄升等，從此做我自己喜歡做的研究和教學，並和建國兄一樣，在報章雜誌撰寫財經議題的觀點，希望對國家社會有所幫助。

　　於是，我和建國兄一樣，成為台大少數幾位因意識形態受到打壓的教授（另一位是孫安迪博士）。但既然擺脫了升等壓力，我也更從容地發表各種觀點，受到政府和社會的重

視，前後擔任海基會顧問、經濟部顧問、產諮會諮詢委員、兩岸共同市場基金會諮詢委員、外貿協會董事，也借調到「商業發展研究院」擔任商業政策所所長，也前後兩次受邀參加「國共論壇」發表論文。但我最開心的，還是「得天下英才而教之」，得以在台大作育英才前後達 23 年。我在 2014 年 59 歲時（提早 6 年）退休，原因是我借調時間已到，但商研院不願我歸建，積極遊說我要留下，所以我乾脆辦理退休。只是人算不如天算，留任商研院所長才幾個月，就被江宜樺院長延攬去通傳會（NCC）擔任委員。在我上任 NCC 委員之前，建國兄和大嫂曾經邀宴，向我提出 NCC 的興革之道，我雖謹記在心，但個人也難改變 NCC 的一些慣習；直到日前看到周陽山教授的弔念文章，我才了解 NCC 的相關重要法規是建國兄擔任立委時的貢獻，對他的尊敬又增加了許多。

2008 年，建國兄出任海基會副秘書長兼發言人。建國兄口齒清晰、條理分明，但卻因兩岸兩會諮商後提早釋出兩岸將「互設辦事處」一事、引發討論而離職，回到文大教書。之後，我就常在黃昏時於台大運動場遇到他，大家都在跑步健身；對他健美的身材和優雅的跑姿，至今還印象深刻。也對他各方條件優異，但卻仕途多舛，而感到婉惜。此後，我常常和建國兄相遇，或者在海基會，或者在座談會，最多的就是在「台灣競爭力論壇」這個以藍營學者居多的民間智庫，他甚至後來還擔任這個智庫的理事長，為台灣的前途做出顯著奉獻。我也經常參與論壇活動，大家都努力為台灣的競爭力尋找出路。

大約兩年前，林定芃先生出任三民主義大同盟理事長，提議由三民主義領域的相關專家們合寫一本《廿一世紀三民

主義》，以填補近年來無人研究三民主義的缺憾，很快就得到周陽山等教授的全力支持，由十位專家合寫這本重要的專書，也希望同時出版一本份量較輕的簡版，提供青少年了解、學習的途徑。身為三民主義信徒的建國兄，很自然地和我及其他先進又成了合作夥伴。

但是，第一次專家開會時，大夥就得知建國兄罹癌，紛紛熱心地提供各種藥方讓他參考。過了好一段時間，我在國軍文藝中心參加聚會，在等待的空檔有機會和建國兄同坐，聊了好一陣子。當時他復健的狀況很好，看來心情極佳，我也為他感到非常高興。即使是在身體狀況不佳的情況下，我們還是經常看到他為文倡言，諄諄不倦地為兩岸關係的維護、兩岸經濟的合作而努力著－每次我詳細看完文章之後，都是既感動又感慨。感動的是他的視野和執著，感慨的是這個國家有多少智者能夠了解他的和深思和憂心？

建國兄走了半年了，他的身影經常出現在我眼前，不只是因為我們同病相憐，都因政治而遭到學術迫害，更因為他是現代知識分子難得的典範，是中華民國和三民主義真正的捍衛者，衷心服膺「為往聖繼絕學，為萬世開太平」的理念；只要多幾位這樣的學者，中華民國不可能滅亡。

「哲人日已遠，典型在夙昔」，龐建國教授即使身影不在，但其實正長伴著我們，指引我們為中華民國努力不懈、繼續奮鬥；我們也會承襲他的精神、勇往直前、義無反顧！

龐建國教授晚近對孫中山思想的解讀

中國文化大學國家發展與中國大陸研究所教授｜李炳南

我在進入台灣大學三民主義研究所就讀時，龐建國教授剛畢業，是我的學長，雖然當時在校園，我們並沒有直接接觸交流，但我知道他非常優秀，甚至我的碩士論文引用了他的論文「三民主義對社會變遷的指導功能」中與中國現代史和意識形態有關的觀點。1994 年建國兄參加台北市議員選舉時，選情相當激烈，由於和建國兄志同道合，我還曾自奮勇前去助講。後來我們都在藍營中各自努力，再有更進一步的接觸，是在我們都回到學術界之後，尤其在文大國發所，我們成了同事。近年來，有感於國民黨缺乏核心理念，我們

一群學者共同合著《台灣的抉擇－從孫中山談起》一書，以下援引書中龐教授「孫中山與習近平」文中的觀點，以代介龐建國教授晚近對孫中山思想的解讀，作 我對他的追思。

文章中，龐建國教授認為，孫中山的民族主義在族群關係和國際關係的處理上，傳承了中國儒家的王道思想，主張發揚「王道」、反對「霸道」。孫中山認為，無論是一國境內不同族群的相處，或者是國際之間各個主權國家的相互對待，都應該循著王道思維多發揮軟實力，尋求互利共贏；避免走上霸道行徑地較量硬實力，陷入零和式的競爭衝突。不過，孫中山也提醒我們，狹隘的國族主義思維固然不足取，但是，跳脫國家利益考量的國際關係想像也難以築夢踏實。尤其是發展中的國家，在成為發達國家之前，需要民族主義來凝聚國人的向心力，推動國家的發展建設，在促成國內族群平等相待的同時，追求整個國家民族在國際境遇中的自主解放。

龐建國教授指出，只是在國家富強之後，不能將民族主義擴張成帝國主義，而應該致力於維護世界和平與推動全球正義。但他也指出，要先奠定愛國主義的基礎，才能談世界主義的理想。國家的統一與富強是邁向民族復興的先決條件，在追求民族復興之時，要保有世界大同的胸懷，採取敦親睦鄰、濟弱扶傾的作為，為全球正義做出能力所及的貢獻。另外，在推動國家發展的時候，對於本身的文化傳統要保持應有的敬意，在國際交往和族群對待上，要能傳承優秀的中華傳統文化，發揚良好的固有倫理道德，同時，學習外國的長處，引進有益於國家發展建設的觀念、制度、和技術。讓外來元素和本土元素能夠形成在地化的融合與創新，以促成族

▲ 作者李炳南為第一排右起第三位

群的和諧相處，文明的交流共享，進一步安定國際秩序，增
進世界和平，邁向大同理想。總的來說，孫中山的民族主義
堅守中華文化的王道思想，對內促進各族群平等和諧地相處，
對外追求平等互利地往來。

　　其次文章中，龐建國教授認為，孫中山的民權主義針對
中國國情，一方面設計了政治制度的安排，另一方還規劃了
民主化的路徑。孫中山認為，建立民有、民治、民享的政治
體制是世界潮流，而「世界潮流浩浩蕩蕩，順之者昌，逆之
者亡」。但是，中國傳統政治哲學裡的「中庸」之道，也應
該被融入此種世界潮流中。因此，以維護個人權利為先的自

由主義，並非民主政治制度安排唯一的價值基礎，儒家思想
所蘊含的的社群主義，也可以作為民主體制運作的理念支撐。
在實現全民參政和問政機會平等之際，人們應該建立「服務
的人生觀」，自求多福之餘，若有餘力，則應該去造福他人，
為別人也為自己盡一份心力。在制度安排方面，孫中山指出，
廉能的政府是良善治理的先決條件。政府固然要順應民意，
但也要避免被民粹綁架，造成政府失能。人民有權透過制度
性的安排，監督執政者的施政表現，決定執政者的去留；執
政者依多數人利益行使公權力時，則應該獲得民眾的支持與
配合。人民的權和政府的能不是對立的兩端，而是託付和信
賴的組合。優質的民主政治或者良善的治理，需要培育人民
具有一定的知識能力和民主素養，並搭配適當的人才考選與
甄拔管道，以建立起有能力的政府團隊來為民服務。

　　最後，龐建國教授認為，孫中山的民生主義明顯地站在
中道而行的立場，他嘗試在資本主義和共產主義之間找到一
條折衷路線，希望把握住市場機制和政府干預的平衡點。就
理想的境界來說，孫中山並不排斥共產主義，他曾經表示：
「民生主義就是共產主義，就是社會主義」；不過，他也說：
「師馬克思之意則可，用馬克思之法則不可」。換句話說，
「人人為我，我為人人」的共產境界值得嚮往，但是，不能
用階級鬥爭的方法來追求。在孫中山的規劃中，社會經濟發
展不宜走過於激進的路線。他的主張是，價值位序上，要在
提升資源配置效率的前提下，拿捏自由與平等之間的平衡點；
制度安排上，要採取因時因地而制宜的經濟體制，並配合發
展程度來調整國家、市場、和社會的關係，讓有能的政府、
有效的市場、和有活力的社會相輔相成；演進路徑上，則是
要在追求富裕的過程中，「思患預防」地避免分配惡化。總

結來說，孫中山的民生主義是要與時俱進地透過混合性經濟體制的調控，為人民找到均富型態的生活改善之路。

結語：「孫中山思想是兩岸共同的建設指針」

龐建國教授指出，整體而言，由於接受英美教育體系薰陶，孫中山早期思想受西方現代化思潮影響較多；但在革命過程中和革命成功後，他有機會與中外諸多碩學鴻儒交往切磋，不斷吸收新知，因而對於中華傳統文化智慧以及馬克思和列寧的思想也能有效吸納，融入他的國民革命方略和國家建設方案中，並且提出許多創新獨到的見解。所以，龐建國教授指出，孫中山思想具有徜徉中外學說而不拘於特定學派的特色，包括他能援引馬克思、列寧的論述，但又能根據本身的體會做出取捨去留，因而能為中國規劃出博大平正的建設藍圖，指陳了調和持中的發展路線，這也讓他的思想歷久彌新。所以，龐建國教授總結指出，海峽兩岸的有志之士應該同心協力，以孫中山思想作為共同的精神紐帶，一起共謀習近平倡議的中華民族偉大復興！孫中山相信，循著三民主義的國家建設理念前進，中華民族將會復興茁壯，二十一世紀會是中國人的世紀。

最後，我想提出的是，龐建國教授引用了李白〈俠客行〉的一段詩文，作為文章的開頭語。這段開頭語中有幾句話，今天讀來，儼然就像他本人對我們這些好朋友的娓娓告白；茲錄於下，作為我個人對他追思的結語。

「事了拂衣去，深藏身與名；縱死俠骨香，不慚世上英！」

▲ 1994 年 9 月作者曲兆祥與龐建國於上海合影

永遠的名仕

國立台灣師範大學政治學研究所教授｜曲兆祥

民國 111 年 1 月 11 日，當社群 APP，LINE 的很多群組都在傳遞這樣一個貼子，111.1.11 是一個難得的好日子，連續六個 1，代表的是幸運、成功。對一個有著濃厚興趣研讀《易經》的我來說，雖不完全認同這種附會之說，但是如

果把這 6 個阿拉伯數字轉成國字「一」，然後六個一字堆疊成一個〈乾〉卦，稍懂易經的朋友立刻就會體認出「元、亨、利、貞」，「自強不息」的感受。所以說那一天是個吉日，應該是很多朋友期待的事。我抱著愉快的心情，正享受著早餐，耳際傳來電視主播的話音……「前立法委員，文化大學教授龐建國今天清晨墜樓……已送往醫院急救……」。口中食物差點噴了出來，「什麼？……不可能」，這是我當時的第一反應。抱持著懷疑的心情立刻打開手機，找到我跟他共同參加的一個群組，映入眼簾的的確是大家的哀悼、不捨以及不相信的留言。快速翻找到大家傳言的那份建國學長於當日清晨留下的最後一篇貼子，「不公不義的台灣，我生不如死……」，一字字、一句句控訴著他對台灣現狀的不滿。

回到書房，我陷入一種極其複雜的心緒，我幾乎無法相信這是真的。當日我原本預備好要為《觀察》雜誌寫政情分析稿件，這下子我完全無法寫下去了，因為我的思緒已經混亂，這件事情縈繞腦際，我想不清楚也弄不明白，更是難以置信。終於暫時放棄寫作，關掉電腦，讓自己 Reset ！

2021 年初秋左右，我接受建國學長的邀請參與由他指導的一位文大國發大陸所博士生的畢業口考，在此之前也有幾次與他碰頭見面的機會，所以我知道他此前一年健檢時檢查出大腸異狀的病情，不過，他非常的樂觀，而且因為他一直保持著健碩英挺的外型，手術後除了聲音有點虛之外，基本上他的狀況相當不錯。在幾次碰面時，他也都如實告知朋友們他的病況，見他飲食也基本恢復正常，所以我一直為他感到慶幸。因此在前頭提到的那場口試裡我還當面向他表達祝賀之意，也真實為他感到慶幸。之後幾個月裡雖偶有聽到學

生們提到龐老師病情有復發跡象，但因為他的授課和所務參與一切如常，因此也沒太多的留意。

　　曾經有同仁問我為什麼長久以來我都稱呼龐老師「學長」，可他是社會系出身而我是政治系出身，他是留美的中山獎學金得主，而我是留土的政大博士，而且我又比他小幾歲，因此怎麼算也算不著他是我的學長。其實我稱呼他學長不是因為我們同出一個系所大門，而是因為我在台大政治所唸碩士時，建國學長在校黨部或者是北知青當幹部，我已經記不得他當時是專任黨工或者是學生幹部，反正黨部活動經常碰到他，他比我年長，因此也就叫他學長，誰知道這一叫就叫了 40 年，直到我站立在他的靈堂裡致祭時仍默念著學長，而且這一段小故事我還曾當著龐學長的面向提問者做出回答，還記得學長笑著聽我說，沒做補充說明。

　　1994 年龐學長被新黨提名參選當年底台北市議員選舉，當時我在文化大學政治系擔任副教授，我們對時局有非常一致的看法，都認為當時執政的李登輝已經偏離中華民國的基本理念，並且以民主化、本土化之名義在對國民黨進行質變。他是第一波加入新黨並且參選公職的學者，而我仍然與台大牙醫師孫安迪等人堅守在國民黨內籌組「救黨改革委員會」，試圖從黨內與李登輝派系從事競爭。同年，我接任中華民國青年民主聯盟理事長，嘗試結合社會力量阻擋李登輝的奪黨計畫。本文所附的兩張照片，為建國兄珍藏，我手中並無該照片。該照攝於 1994 年，我以青年民主聯盟理事長身分與當時陸委會文教處合作，由青盟秘書長陳維健向該處申請與中共中央黨校進行首次，可能也是唯一一次的青年交流。而當時我考慮到青盟成員大多年輕，我擔心分量不足，所以情商

　　該時段在北京參加其他活動的「資深青年」，剛超過40歲不久的建國學長和高輝兄以本團顧問的名義捧場，聯袂參訪中共中央黨校，因而留下照片。事隔28年再見到照片，其中建國學長、高輝兄、伏和康兄以及照相的維健老弟已先後離世，睹物思人，感慨萬千！

▲ 1994年9月參訪團於北京天安門廣場合影，左起：李炳南、白中琪、龐建國、曲兆祥、黃偉雄、張雲開、高輝、伏和康。

　　就以該次的參訪座談為例即可見建國學長的風範、見識、學養。首先，他非常的尊重主辦單位，其實以他當時的身分，他是當年新黨的市議員提名人、台大青年副教授、社會菁英，受主辦單位之邀出席會議，他大可侃侃而談，變「客場」為「主場」。可我依稀記得他堅持到最後才在主持人一再邀請下發言，這是一種修為，為所當為。其次，我在印象裡他那次發言談到台灣現代化過程中所遇到的一些問題以及因應之道，並且預測中國大陸在改革開放過程中所可能遇上的社會問題，其中他特別點出貧富不均的問題。我之所以會記住他那次的發言是因為我覺得他處理敏感議題處理得非常得體，因為當時鄧小平還在世，鄧的發展策略是走務實主義路線，亦即大家所熟知的「黑貓、白貓，能捉老鼠的就是好貓」，所以鄧主張「先讓一部分人富起來」，正是這個政策讓建國學長想到可能會在若干年後引發貧富分配不均的問題。可是他前後約十分鐘的發言完全沒去提鄧「先富」的那番說法，這讓我學到了委婉說理的聰明作法，這與台灣議場上或是論壇上那種直接衝撞的做法完全不同，但說服力可能更好些。

　　1994年底建國學長當選台北市議員，從此開始他近十年的從政生涯。而我也於1996年初獲新黨提名當選台北市第三選區的國民大會代表，彼此分頭忙自己的工作，較少互動，偶爾在新黨全委會碰頭，也少深入交流，就算在地方活動裡碰面也是匆匆一面即散，無法多談。此後，建國學長連任市議員，並於2001年以親民黨身分成功轉戰立委。2004年我轉到台灣師大政治所任教職，建國學長則在立委任滿後進入文化大學國發大陸所任教職，而我在該所也有任教的課程，所以比起前幾年有較多交流機會。經過十多年的實務經歷，

我發現建國學長見識更深入問題核心，尤其是在兩岸經濟交流實務方面他更有見地。這一方面應該是與他曾任立委，更有機會接觸兩岸經濟互動資訊有關外，應該也跟他深獲江丙坤先生器重有關。所以後來建國學長所發表的學術論文、時評很多都集中在兩岸經濟交流，特別是產業交流、互通有無這方面。直到2021年底我都經常看到他這方面的著作、論述，可見他直至病後仍心心念念於兩岸的交流事務。所以凡是了解建國學長的朋友在看到他貼在群內的那句話時，應該都能體會出他關心兩岸的真情。

　　哲人已遠，無限哀思。一如本文的標題，永遠的名仕，他是一位那麼英挺、俊秀、傑出的名仕。本稿脫稿之時正是今夏大暑前後，傍晚時分仍是烈日西斜，我突然想起在台大唸書時經常在此情景下看見建國學長在跑操場，多年之後偶爾還是在同一地點見他氣喘吁吁的跑。而今他已遠去，但他那英挺的身影仍將留在我的心裡。

▲ 2020 年 3 月，龐建國與文化大學國家發展與中國大陸研究所博士班同學前往宜蘭校外教學，於棲蘭神木園合影，作者白中琪為照片中左起第六位。

追念亦師亦友的龐大哥

全國台灣同胞投資企業聯誼會副會長｜白中琪

我和龐大哥結緣是因為我的三姐白中琇，龐大哥在 1987 年從美國學成歸國在台大任教時，應逸仙學會（台大校黨部）書記寇龍華邀請負責青年黨務，擔任逸仙學會第二組總幹事，而我的三姐之前也曾在逸仙學會擔任過幹事，因為這層關係，逐漸和龐大哥熟識。

每次看到龐大哥，他總是西裝筆挺，頭髮梳得非常整齊，誠於中形於外，他在獨處的時候也是一樣地約束自己，這就是儒家所說的「慎獨」。

1994 年我曾經和龐大哥同團一起到中國大陸參訪，主要是因為 93 年辜汪會談後，陸委會希望能和中國大陸多交流，「中華民國青年民主聯盟」秘書長陳維健和當時任職陸委會文教處的龔鵬程討論後，決定籌組一個層級較高的參訪團到中國大陸訪問，陳維健於是和曾在大陸中國社科院擔任過訪問學者的高輝請教，經過高輝居間規劃聯繫後，決定大陸方面由中央黨校出面接待，邀請青年民主聯盟組織一個青年學者兩岸研究訪問團，前往北京以及上海參訪。

這個訪問團由青年民主聯盟第一屆理事長曲兆祥擔任團長，依照青年民主聯盟規定，成員必須在 40 歲以內，當年龐大哥和高輝剛過 40 歲，為了拉升此團的層級，也希望能經驗傳承，因此特別邀請他們隨行擔任顧問。我們是在 1994 年 9 月 4 日抵達北京，這一團的成員被視為是由台灣官方所派出的青年代表，因此對方接待的規格很高，進行的多場座談對彼此相互了解有很大的幫助。後來一行人轉往上海，繼續進行參訪，到 9 月 11 日結束整個行程。

另外一件值得一提的事就是我和龐大哥在彼此不知情的狀況下，倆人一前一後不約而同地推動上海世博會台灣館的建館。

上海市在得到世界博覽會的主辦權之後，除了希望全世界各國都來設館，也希望台灣能夠參與。在 2008 年馬總統上任後，想展現出與陳水扁時期不同的兩岸新氣象，大陸方面也認為 2010 年世博會對兩岸來說是共同的大事，怎能沒有台灣館？在雙方都有意願的情況下，2009 年過年前，當時我人在上海，

時任國民黨大陸事務部主任的高輝來電，他委託我去了解大陸對此事的態度，在確認台北的立場後，我於是銜命和世博局展開協商談判。

最早世博會的規劃是按照地理位置的分佈來配置亞洲區、歐洲區、美洲區、非洲區等國家館以及企業館和國際組織館，換言之，是用國家區域的概念來劃分，如此，台灣館不論放在中國館或放在亞洲館，兩岸都會分別面臨政治立場上的難堪，無法對內交代。我在前期做了很多的溝通工作，後來，世博局把原本亞歐非美等地理概念的國家館改成 A 區 B 區 C 區，然後把 ABC 的界線完全切開，台灣可以對外說我們是在亞洲區國家館，大陸則說台灣館就在我中國館的旁邊，雙方各自表述，互不說破，自然就解決了兩岸各自的問題。可見兩岸中國人真有心要做事的話，只要有互信基礎，再困難的事都能解決。

據我所知，大陸方面早先透過一些國民黨重量級人士希望他們幫忙溝通協調，龐大哥也是被拜託的其中一人，但其他人並沒有真正將此訊息傳達給層峰，只有龐大哥鍥而不捨、持續推動此事。當時我並不清楚他在其中所扮演的角色，因此當上海世博會開幕式見到龐大哥時，我感到很詫異，直到後來上海市台辦的朋友告訴我：其實這件事之所以能夠實現，尤其是到最後階段，台灣館要建館，必須開很多會、形成共識，並和企業界進行溝通，加以落實，龐大哥在其中做了很多事，盡了很多力。後來和龐大哥聊起來，他也認為這件事在他的人生歷程中，稱得上是致力於兩岸交流所做出的貢獻之一。

很遺憾無法再有機會與龐大哥一起做些有意義的事，但他的努力已經帶給我們深遠的影響，我也相信他的理想終有一天會實現。

追憶龐建國老師

立法委員｜林奕華

認識龐建國老師是在民國 76 年，當年我進入台大政治學系就讀，龐老師也是在那年從美國學成歸國，在台大社會系所任教。龐老師對國家社會很有使命感，而且年輕又十分地親和，對學生也很關心，因此我和一些同學常常會去請教他。

　　我參與的第一場受社會關注的選舉是在民國 79 年台大學生會長的選舉，我在大學就投入比較多公共事務，一向認為校園不應只有一種聲音，學生自治不該被特定的政治勢力把持，但當時台大的氛圍是民進黨的勢力佔上風。我在高中就加入中國國民黨，參選台大學生會長時也毫無隱諱自己的政治認同，選舉結果也順利地當選。事實上，台大從代聯會末期到學生會前兩屆會長（第一屆羅文嘉，第二屆范雲）都是親民進黨的路線。因此，國民黨籍的我當選台大第三屆學生會長，在當時也引起媒體的關注。由於龐老師給了我很多鼓勵，在擔任學生會長時，有什麼問題很自然地也都會請龐老師幫忙。

　　龐老師是很有抱負的學者，不僅關心台灣，也胸懷大陸，他認為台灣實踐民主開放的經驗能夠去影響對岸，因此他在促進兩岸交流方面一直不遺餘力。我在擔任台大學生會會長時，曾經因為龐老師的關係，和「全球中國學聯」連上線，這是六四天安門事件後中國大陸流亡海外的學生領袖成立的組織，在 1990 年暑假我特別搭機到美國俄亥俄州立大學（Ohio State University）去參加大會，並當選第一屆副總召集人。

　　我也曾以台大學生會會長的名義，申請到大陸進行大學生交流。1989 年六四天安門事件後，中國大陸受到國際抵制，對外交流中斷，但我們認為透過兩岸交流帶入民主自由思維是不能中斷的。因此，在龐老師的鼓勵之下，91 年寒假，我組織一個訪問團，經過教育部同意，以台大學生會的名義登陸，在當時也受到不少矚目。

　　龐老師對國家社會有著強烈的使命感，充滿熱情。他是位完美主義者，也是十分嚴謹的人。他律己甚嚴，他的自律、表裡如一的部分，是我到目前為止所看過唯一的一人。

　　他對自我的要求如此，對社會國家的要求也是如此。他也是位浪漫主義者，龐老師 1994 年在新黨的徵召下決定投入選舉，毅然決然辭掉人人稱羨的台大教職。他在做決定時，考慮的從來不是自我，而是從整個社會公義的角度去思考，他的心裡只有大我、沒有小我。

　　而龐老師在台大教授升等的不順利，應該也是他從政的原因之一。在台灣，人們常把民主自由法治掛在嘴上，但在實踐的時候，卻是往另一個方向走，說得很好聽但做的卻是另外一套。在當時的台大有些系所也是如此，明顯的兩套標準，只因政治立場不同，就用各種方式來打壓，並不是真的從學術表現或是教學品質來看待老師是否應該升等。當時龐老師在台大的確是受到政治打壓，但他從來沒有在我們這些學生的面前提起過，也沒有把他在台大被政治打壓的遭遇當作他的選舉訴求或是政治資本，甚至據我知道他自己也鮮少談起這段過往，我也是在其他台大老師的口中才得知的。

　　我在民國 87 年有機會參選台北市議員，經過一番考慮，在做決定時我曾去請教過龐老師，他是我很少數徵詢過的人。

龐老師鼓勵所有對政治有熱情的人投入選舉，因為投入選舉是真的可以帶來改變，或是引領一些思維，他覺得實際的參與，是有理想有抱負的人應該做的事。他說如果是有意義的事，就應該要把握機會，選舉本來也是一個實踐理想的過程，所以他鼓勵我勇於自我實現，沒有甚麼好猶豫的。

我會走上從政這條路，受到龐老師的影響很大。從學生時代開始，龐老師一直很鼓勵我們、激勵我們，他的這種精神一直影響著我們。我從政至今已經超過 20 年，在當前這種政治氛圍中，要堅持下來，其實需要強烈的使命感支撐，而這種強烈的使命感受到龐老師的影響很深。如今，龐老師雖然已經離我們而去，但他的精神會一直長存在我輩心中。

▲ 2003 年 2 月，作者李永萍（第一排左起第五位）與參訪團合影。

悼念好友龐建國教授

前台北市副市長、前立法委員｜李永萍

今年 1 月 11 日，永萍震驚地看到我在立委時期的好同事、多年好友龐建國教授辭世的消息，內心充滿悲痛與不捨。龐教授於當日凌晨四點多，在群組中留下了「不公不義的台灣，我生不如死！」等語，隨後墜樓，突如其來的噩耗讓我們曾經一同為台灣前途努力打拼的伙伴們，感到何等悲涼……。

　　我與龐老師夫婦相識很早，當年龐老師的愛妻邱秀珍還是知名主播時，永萍也在電視台工作，對於二人歷經愛情長跑多年終結連理，也算是見證人之一，深深祝福。

　　之後，永萍和龐教授同期擔任立委，共同為包括科技、兩岸及文化立法等工作全力投入。由始至終，龐教授秉持著專業、理性，學者諄諄論道的問政模式，在立法院建立了清流正派的形象。

　　猶記得 2003 年 2 月，由龐建國委員擔任團長，組織了一個包括多位立委和產業界、工研院、資策會以及台北市電腦公會在內陣容浩大的參訪團，到中國大陸上海、蘇州、北京等地考察。當時參與的立委除了永萍之外，還包括朱鳳芝、王鍾渝、劉文雄、鄭志龍等人，陳文茜也出席部分行程。此行主要目的在了解台灣資通訊產業相關廠商在大陸的發展現況以及所面臨轉型升級的問題；並拜會包括信息產業部（工業和信息化部前身）、科學技術部、全國信息技術標準化委員會以及知識產權局等部委，從法規面、制度面出發，為兩岸資通訊和數位內容產業合作奠定基礎，也為數位匯流的可能發展擘劃出未來前景。這次的行程規劃周詳、行程緊湊，可以看出龐委員實事求是的精神以及認真踏實的行事風格，著實令人嘆服。

　　龐教授從政，一心為國，並無私心，是政壇中為數不多「理念型」的政治人物；他的心中有理想，有堅信不疑的價值，並未被名利權位污染本心，但也就是這樣的堅持初心，抵擋不了對如今的台灣是非不分、正義不明所帶來的重負。

　　建國兄死前的喟歎，吶喊出了多少人的心聲！但可悲的是，在今日這個涼薄的社會和畸形的媒體環境，死諫並不能促成上位者的反省，留下的是身旁至親至愛者無比的傷痛。

　　建國兄，您安息吧！台灣的命運是所有生活在這片土地上人民的共業，不論好壞，大家全要一起承擔。您的努力令人敬佩，但國家前途的重擔，如今可以放下了。請您放心，您所摯愛的妻子秀珍我們會好好關懷，讓她未來的日子不會孤單。

　　建國兄，一路好走，安息吧！

▲ 第三屆海峽兩岸信息產業技術標準論壇於南京舉行，華聚基金會董事長江丙坤率龐建國顧問、林坤銘執行長（左二）、邱秀珍副執行長（右二）、電電公會羅懷家副總幹事（左一）與江蘇省委書記李源潮（右三）合影。

感念無私奉獻的龐建國委員

中華民國創投公會名譽理事長
華聚產業共同標準推動基金會執行長 ｜ 林坤銘

我和龐建國委員認識的源起大約是在 2002 年，當時我在創投業，同時擔任創投公會常務理事。自 1990 年代以來，創投業就一直是台灣非常重要的輔助性產業，今天台灣的電子業、高科技業之所以能如此興盛，和創投業的支持有著絕對的關係。

當年台灣創投產業十分蓬勃，約有 200 家左右創業公司。為鼓勵創投業發展，政府也提供相應的獎勵。例如，若業者募到七成資金，行政院開發基金（現稱「國家發展基金」）就相對投資三成。

但 2002 年，政府這筆預算卻卡在立法院，業者都十分緊張，時任創投公會理事長王伯元於是邀請各黨立委召開說明會，表達業者們的關切。因龐委員在立法院科技及資訊委員會，親民黨於是由龐委員代表參加，那是我第一次和龐委員接觸。

那次會議後，龐委員大約隔半個月、一個月就會打電話告知預算案在立法院的進度，這讓我印象非常深刻。因為在那之前，龐委員和創投業沒有任何淵源，我們過去在選舉中也未曾

▲ 2008 年創投暨科技界力挺馬英九參選總統新春聯誼茶會

贊助過他。只因了解這個案子對國家產業發展的重要性，龐委員就主動關心並在立法院推進預算解凍，對此，創投業對龐委員都十分感念。

之後，大約是 2003 年底或 2004 年初的某一天，聽同事提及龐委員要在立法院舉辦一場關於兩岸產業標準的公聽會，因為和我的專業相關，我就跟著去聽。時任立法院副院長江丙坤先生也出席了這場公聽會，此外還有台北市電腦公會、電電公會等多個公協會代表參加。

整場公聽會聽下來後，我也相當認同推動兩岸共建產業標準的理念，儘管當時台灣高科技產業的實力遠優於中國大陸。後來我才知道，兩岸共建產業標準是英業達集團前副董事長溫世仁 2003 年 9 月在第六屆京台科技論壇上的倡議。

溫世仁當時在京台科技論壇圓桌論壇上疾呼：「產品之間如何適應、產業標準由誰掌控，關係到企業在將來競爭中的成敗，各項標準一旦長期被歐美日國家掌控，兩岸將成為純粹的加工廠。」

龐委員也有參加這場由溫世仁主持的圓桌論壇，並發言支持溫世仁的倡議，同時承諾會於立法院協助推動兩岸產業標準合作。

然而，溫世仁不幸於 2003 年 12 月突然辭世，為實現溫世仁遺願，龐委員於是敦請江丙坤先生出面領導這項工作。江先生基於與溫世仁的情誼，加上曾任經濟部長、經建會主委，熟知產業標準的重要性，慨然允諾協助。

2005 年 3 月，已經辭去立法院副院長的江丙坤先生，在時任國民黨主席連戰授權下，以國民黨副主席身分率團赴大陸

展開「破冰之旅」。當時江先生在與中國大陸達成的 12 項初步共識中，其中一條就明確提出：「加強兩岸信息產業標準的研究和制定」。

　　隨後在江丙坤先生號召以及英業達集團創辦人葉國一先生、金仁寶集團董事長許勝雄等台灣資通訊業界領袖共襄盛舉下，2005 年 6 月，「華聚產業共同標準推動基金會」正式成立；同年 7 月 5 日、6 日，第一屆「海峽兩岸信息產業技術標準論壇」就在北京召開。

　　在溫世仁離開約一年半後，兩岸 AVS、TD-SCDMA、移動儲存、平板顯示技術等各領域的專家就能坐下來一起討論兩岸標準合作大計，除了江丙坤先生與葉國一先生的鼎力支持居功厥偉外，

▲ 2006 年大陸信產部蔣耀平副部長（中間）率團來台參加論壇

這段期間，龐委員不辭辛勞帶領著我和邱秀珍小姐，頻繁穿梭於兩岸和大陸有關部門積極協調相關工作，也是關鍵因素。

甚至連基金會的名稱：「華聚」，都是龐委員和邱秀珍小姐腦力激盪的成果，取「聚合華人智慧，共創兩岸雙贏」之意。

2005 年以來，兩岸標準論壇已分別在北京、南京、重慶、福州、長沙、西安、哈爾濱、合肥、金門、新竹等地先後成功舉辦過 16 屆，並成立了智慧製造、移動通訊／移動互聯網、車聯網、雲計算、半導體照明等 11 個領域分論壇，成功發布 65 本兩岸共通標準文本，其中多項在中國大陸更成為行業標準或國家標準。

甚至在太陽光電、顯示技術等領域，兩岸共同推動國際標準的合作，協助台灣產業掌握標準制定的先機，為推動兩岸產業合作做出具體的貢獻。而在各界肯定與認同下，如今兩岸標準論壇也已經是兩岸資通產業合作與對話的重要平台與品牌。

哲人已遠，但龐委員曾經無私為台灣產業長遠發展所做出的諸多貢獻，應當為世人所銘記。

▲ 2003 年 9 月於北京參加京台科技論壇

龐建國委員推動建立
「兩岸產業標準平台」大事記

在海峽兩岸官方正式建立產業標準交流合作平台之前，已經有民間企業和社團另闢蹊徑，開展民間層次的交流活動。其中，《京台科技論壇》和《海峽兩岸信息產業技術標準論壇》是兩個比較重要的交流平台。

《京台科技論壇》是 1998 年，當時擔任英業達集團副董事長的溫世仁，和由溫世仁資助成立的全球華人競爭力基金會

董事長石滋宜，向當時的北京市市長，現在擔任大陸全國政治協商會議主席的賈慶林，提議由北京市台灣事務辦公室與全球華人競爭力基金會負責籌辦，成立一個海峽兩岸電子資訊產業企業領袖的交流平台，推動兩岸電子資訊產業的交流合作。

《京台科技論壇》開始涉入兩岸共訂產業標準的議題是在2003年。當年9月10日和11日，第六屆《京台科技論壇》在北京召開，由溫世仁主持其中以「建立海峽兩岸科技共同標準機制之探討」為題之圓桌會議。會議中，除討論特定產業項目之標準合作外，亦倡議台灣方面在中國大陸設置常駐單位，協助台灣企業在大陸運營，並發起籌組「兩岸數位產品工作小組」，制定兩岸數位產品之共同標準等。

在此之前，時任立法委員的龐建國，曾經在2003年2月率領一個由立法委員組成的訪問團，赴大陸考察台灣資通訊企業的經營情形。

在北京期間，龐建國曾與科學技術部、信息產業部（後來的工業和信息化部）、以及全國信息技術標準化委員會的官員，就兩岸數位電視產業技術標準合作的議題交換意見。

龐建國回到台灣之後，於2003年4月1日透過「數位匯流立法推動聯盟」在立法院召開座談會，倡議海峽兩岸共同制定數位電視產業標準。對於龐建國的建議，行政院做了正面回應，於2003年4月在行政院國家資訊通訊發展推動小組（NICI）下成立了「視訊整合指導小組」，由政務委員蔡清彥擔任召集人，並指派工業技術研究院電子通訊研究所（後來的資訊與通訊研究所）作為窗口，與大陸的「數字電視產業聯盟」接觸，協助台灣的資通訊和家電業者進軍中國大陸數位電視產業和市場。

▲ 2007 年第四屆標準論壇晚宴，左起江丙坤、蔣耀平、龐建國。

　　第六屆《京台科技論壇》舉辦之時，龐建國亦參加由溫世仁主持之圓桌論壇，發言支持溫世仁之提議，並承諾會於立法院協助溫世仁推動兩岸進行產業標準之合作。2003 年 10 月，龐建國於立法院施政總質詢時，向時任行政院長的游錫堃提出質詢，建議海峽兩岸應該進行資通訊產業技術標準之交流合作。龐建國的質詢獲得游錫堃的正面回應，游錫堃表示，兩岸進行產業標準合作是早就應該做的事。不幸的是，溫世仁先生於 2003 年 12 月 7 日驟然去世，兩岸產業標準合作事宜因而失去了重要的推手，《京台科技論壇》作為兩岸產業標準交流合作平台的功能也因而弱化。

　　為了能夠遂行溫世仁的遺願，龐建國乃向時任立法院副院長的江丙坤報告有關兩岸產業標準合作一事，敦請江丙坤出面領導有關事宜。江丙坤基於和溫世仁之情誼，以及本身擔任經濟部次長時對標準事務的瞭解，慨然允諾接手，並邀集資通訊業界之領袖，包括時任台灣區電機電子同業公會理事長之許勝雄、台北市電腦公會理事長黃崇仁、英業達集團董事長葉國一、廣達電腦董事長林百里和中環電子董事長翁明顯等人，於2005年6月成立財團法人「華聚產業共同標準推動基金會」（簡稱華聚基金會），作為台灣方面推動兩岸資通訊產業技術標準交流合作之窗口。

龐建國委員參與「海峽兩岸信息產業技術標準論壇」大事記

▶ 2005/07/05-2005/07/06
「第一屆（北京）海峽兩岸信息產業技術標準論壇」

舉辦 TD-SCDMA 標準、移動存儲、平板顯示技術等多組專家分論壇，並拜會國務院吳儀總理副總理，倡議兩岸標準合作大計。

▶ 2006/05/10-2006/05/11
「第二屆（台北）海峽兩岸信息產業技術標準論壇」

兩岸專家達成諸多合作共識，連戰榮譽主席與江丙坤董事長設宴宴請信產部蔣耀平副部長暨代表團一行。

▶ 2006/10/15-2006/10/16

「第三屆（南京）海峽兩岸信息產業技術標準論壇」

針對多項資通訊產業標準進行專家分論壇交流研討；期間拜會江蘇省委書記李源潮，擴大兩岸交流基礎。

▶ 2007/07/11-2007/07/12

「第四屆（台北）海峽兩岸信息產業技術標準論壇」

由信息產業部蔣耀平副部長率團訪台，2 天會議 7 大標準領域共達成 28 項共識結論，逾 400 人參與，成果豐碩。

▶ 2009/11/23-2009/11/24

「第六屆（合北）海峽兩岸信息產業技術標準論壇」

工業和信息化部婁勤儉副部長率領近百人代表團訪台，台灣方有經濟部次長黃重球、鴻海董事長郭台銘、聯電榮譽副董事長宣明智、力晶董事長黃崇仁、聯發科董事長蔡明介等業界領袖參與，論壇期間，兩岸共同宣布啟動 TD-SCDMA 試驗網重大成果，落實兩岸通訊產業合作。

資料提供　華聚產業共同標準推動基金會

龐建國和我的奮鬥──
台灣競爭力論壇艱苦歲月紀實

台灣競爭力論壇執行長 ｜ 謝明輝

今年 1 月讓我們曾經一同為台灣前途努力打拼的伙伴們，感到何等悲涼……。

當時新黨初創，形象異常清新，所提參選從政人士，均為各界菁英，遍佈產官學界，有學者專家官員及地方賢達。一時之間，風起雲湧，人才輩出，聲勢浩大。

　　龐建國赴美留學回國任教於台大，1994年代表新黨參選台北市議員，高票當選。我則在1996年被新黨提名，在台北縣板橋市當選第三屆國大代表。因是同黨從政同志緣故，在新黨舉辦各種造勢活動場所，我們得以認識，但當時彼此並不熟悉。他是台灣大學社會系所副教授，我則是台北縣土城分局副分局長，兩個不同職場領域，鮮少有交往的機會。

　　1998年，新黨舉辦立委初選，內訌不斷，紛爭四起，黨內士氣嚴重耗損。多位從政黨員因而離去，我回到了國民黨，龐建國則以無黨籍連任台北市議員。後來，宋楚瑜參選2000年總統大選，龐建國成為宋楚瑜張昭雄台北市競選總部主任委員，在電視談話性節目中，我代表連蕭配一方，他則代表宋張配一方，常各為其主，針鋒相對。但我們均是正統藍軍，兩岸未來的和平統一，仍然是我們共同堅持的理念。

　　2004年總統大選連宋配，國親合作，龐建國成了連戰及宋楚瑜全國競選總部新聞組長兼發言人。因兩顆子彈槍擊事件，逆轉了整個選戰，連宋未能當選。後來，龐建國在郝龍斌競選台北市市長時，擔任其競選總部後援會執行副總幹事，並在2006年和郝龍斌一起重回國民黨，我們倆又成了同黨同志。

　　2007年，鑒於兩岸關係僵局、國際外交失利、國內財政金融暨憲政體制失序，國家競爭力不斷流失，基於對台灣競爭力的使命感，我和彭錦鵬教授、林建甫教授、龐建國教授、紀俊臣教授等與其他50多位學者教授共同發起，挺身而出籌組政策與制度研究智庫「台灣競爭力論壇」，期能匯集眾智，凝聚共識，引領政策導向。

　　2007年8月15日台灣競爭力論壇學會在立法院中興大樓101室成立，當日出席成立大會記者會的政壇人物，包括立法

▲ 2017 年 12 月，台灣競爭力論壇舉辦「愛台灣高峰論壇」。

　　院院長王金平，前行政院長唐飛，國民黨秘書長吳敦義，前台
大校長孫震，前海基會董事長洪奇昌以及企業家王文洋等人，
可說是風雲聚會，冠蓋雲集，場面十分風光熱鬧。

　　台灣競爭力論壇成立初期，是以林建甫擔任創會會長，彭
錦鵬為秘書長、我則擔任副秘書長兼執行長，以我們三人為核
心，論壇在立法院每兩週召開一次記者公聽會或研討會，邀請
教授名嘴專家參與，出席討論。並廣發媒體採訪通知，讓議題

廣泛被報導，被民眾知曉，擴大影響力到各層面。最終目標，所提建議能被政府或社會採用，提昇政府效能及台灣競爭力。

台灣競爭力論壇因積極召開，有關公共政策議題的記者會，批評時政，引起了國民黨國政基金會江丙坤執行長重視，經常出席論壇舉辦的台灣競爭力高峰會的專題演講。馬英九當選總統前，也曾前來拜訪論壇，與論壇學者專家座談。在此時期，台灣競爭力論壇聲望，在藍營可謂如日中天，炙手可熱。也因而與國民黨政治人物，往來相當密切，教授們提供各項建言，為藍軍出謀劃策，故被外界冠上藍軍智庫的標籤。

2008年總統大選，馬蕭配當選正副總統，國民黨重返執政，江丙坤被馬英九總統任命為海基會董事長。龐建國則獲邀擔任副秘書長，論壇有多位教授，被聘請為海基會無給職顧問，計有林建甫、彭錦鵬、黃光國、杜震華、李允傑，還有我。論壇菁英被重視可見一斑，由此事便可印証。後來龐建國在副秘書長任內，因為兩岸互設辦事處的所謂「失言」風波退出談判第一線，改聘為顧問；其實兩岸互設辦事處本就是政策目標，只是消息一出，獨派擔心兩岸統一進程加速，惱羞成怒，施壓綠營及媒體對龐建國大加撻伐，而他不願長官為難、屬下扛責，於是選擇靜默，在任期結束後重返學術界，潛心著作《孫中山思想的時代意義：國家發展研究的視角》一書，在2012年完成他升等正教授的心願。

藍軍重返執政，馬英九重視兩岸關係，原本不相往來的海基海協兩會開始恢復交流，兩岸議題炙手可熱，天天是媒體的焦點。海基會顧問會議，固定每月召開，顧問們大顯身手，知無不言，言無不盡。會後和江丙坤餐敘，暢談兩岸大事，備受禮遇。馬執政時期的海基會，發揮了兩岸政府白手套的功能，

無論政府或台商及兩岸人民都非常重視，寄予厚望，迎來了海基會最風光的歲月，而我們擔任海基會顧問，深有榮焉。因與龐建國教授見面次數增多，發言討論也拉近了彼此間的距離，為日後龐建國擔任台灣競爭力論壇理事長，打下基礎。海基會顧問會議後改為二月一次，已是後期。

台灣競爭力論壇成立原來的核心宗旨，便是立足台灣，跨越兩岸，放眼全球，提昇台灣競爭力。第一階段立足台灣在馬英九重新執政就已完成。在此期間，先後舉辦了上百場公共政策研討會，同時論壇也推動「我們不要爛立委」街頭運動，成功地將民進黨三寶立委三振出局。

馬英九執政後，台灣競爭力論壇進入第二階段，跨越兩岸，扮演兩岸和平大使的角色，先後與大陸智庫合作，開辦兩岸競爭力論壇、兩岸智庫論壇、兩岸融合發展論壇，穿梭奔走於兩岸之間，架起兩岸民間智庫交流的平台。並與海基會、海協會及國政基金會深入合作交流。大三通、國共論壇、海峽論壇等各項兩岸議題高峰會，無役不與。論壇發揮影響力，前述功能平台的設立，功不可沒。

龐建國在此時期，以教授的身分，積極參與論壇研討會及各項兩岸高峰會等活動，寫文章刊登媒體，增加網路聲量，為兩岸的和平發展，注入新能量。馬英九執政八年間，兩岸和平穩定，包括龐建國在內參與論壇的教授們，貢獻巨大。

2012 年，馬英九總統出席台灣競爭力高峰會【黃金十年】貴賓致詞，各部會首長參與專題演講，把台灣競爭力論壇地位，再推向高峰。大陸各智庫團體、大學、兩岸智庫的學術交流與台灣競爭力論壇的合作交流更加熱絡。此時期龐建國積

極參與論壇所舉辦的兩岸各項活動，足跡遍佈北京、上海、福建。更由於接待來訪的大陸學術訪問團，因而和論壇的聯結更加緊密，成了論壇重要核心骨幹教授。

2016 年 10 月，台灣競爭力論壇理事長彭錦鵬，因任期二屆六年屆滿須改選，明輝推薦龐建國教授出任理事長，獲得全體教授投票通過，龐建國當選台灣競爭力論壇第四任理事長。當時，國民黨因換柱風波，競選總統及立委席次雙雙大敗，黨內氣氛一片低迷，朱立倫辭黨主席，以示負責。洪秀柱在國民黨主席改選中，一馬當先，脫穎而出，黨員還給柱柱姐一個公道，當選主席。

馬英九總統時期，論壇所辦的各項研討會，藍綠都有立委、政治評論家出席，例如林濁水、黃偉哲等人。然而民進黨再度執政後，2016 年台灣競爭力高峰會邀請蔡英文總統及各部會首長蒞臨貴賓致詞及專題演講，可能因顏色不對，意識形態不同，風向完全轉變，全被抵制拒絕出席，副部長級以上官員無人參加，台灣競爭力高峰會改由全民間企業人士出席，影響力大減，令人扼腕，也是始料未及。

2016 年 5 月 20 日，蔡英文總統正式就職，三個月內所有馬英九時期所留的職位人員安排全部清空，全由綠營人士遞補，反觀馬英九執政長達 8 年，陳水扁時期所安排的職位，有高達一半以上未清除，藍營人士怨聲載道，兩相比較，天差地別。

陳水扁時期四不一沒有，蔡英文是否承續？兩岸議題，蔡英文未答完的試卷，親美抗中成了全世界焦點，全民關注所在。內政問題，年金改革，前瞻法案，轉型正義成了施政重點所在。削減藍營人脈金脈權脈，全面鋪天蓋地展開，軍公教警

消等退休團體抗議四起，遍地開花。小英到那裡，抗爭就到那裡，其中以八百壯士抗議團體最具號召力影響力。

話說回來，龐建國接理事長時，台灣競爭力論壇已成立了九年， 是政黨再度輪替，台灣競爭力論壇由盛轉衰的轉折點，由於蔡政府執行割喉割到斷的策略，凡是跟國民黨相關的人、事、時、地、物，均堅壁清野，資源滴水不漏，沒收黨產，查扣相關附屬團體的立法，正在蘊釀，且如荼如火地展開逐步到位。

台灣競爭力論壇被綠營列為藍軍外圍智庫，成為封殺對象，不但不出席相關活動，也完全不給任何資源補助；企業也因綠營執政，擔心被查水表，因此論壇的外界募款一年不如一年，論壇所辦活動每一塊錢當十塊錢使用，將效益極大化。有

時為了省經費，拜託教授當義工，免費出席記者會及研討會，幸好教授們大都能體諒力挺，讓論壇活動能一場接一場地辦下去。龐建國理事長在論壇經營遇到困難的時刻，全力支持，撐過最困難的三年。據我統計，龐建國擔任理事長期間，共參與了上百場次活動。

　　2016 至 2017 年蔡英文剛上任，未滿一年期間，小孩玩大車，一切施政均未上軌道，台灣競爭力論壇給蔡政府一年觀察期，不忍苛責，未加韃伐，年終對蔡政府施政總檢討也只是聽其言，觀其行，輕輕帶過，給蔡政府一個機會。可惜過了一年，蔡政府依然意識形態治國，施政一切向台獨傾斜，對投票不支持台獨的藍軍團體企業及個人，痛下殺手，導致反蔡街頭運動

遍地開花，各受害階層紛紛動了起來，台灣競爭力論壇也不
例外，在立法院舉辦各項記者會共襄盛舉，批判蔡政府施政不
得人心，其中以民調最負盛名，為社會提供真相。往年台灣競
爭力論壇也做民調，但大都以國族調查為主，調查台灣人對中
國及中國人的政治圖騰的認同。但是從 2018 年起，台灣競爭
力論壇將有限的資源全用來做民調，鎖定 2018 九合一縣市長
大選，探查各縣市民心向背，藍綠縣市長的當選率。一整年下
來有公佈及未公佈的民調達卅餘次，成功預測了藍綠當選率，
藍：綠：白為 15：6：1，命中率百分百。其中以高雄市長韓
國瑜大勝陳其邁最具震撼力，為削弱影響力，陳其邁陣營連番
開記者會批判台灣競爭力論壇民調為假民調。但開票結果，韓
國瑜果真大勝陳其邁達 9%，贏了 15 萬票，綠營輸得灰頭土臉。
而公佈記者會由我主持，最重要的民調專業分析均由龐建國擔
任，再邀兩位學者專家當見証人，深入解讀。龐理事長每場民
調均寫評論，逐題分析說明，異常辛苦。

　　由於 2018 藍營縣市長大勝，尤其韓國瑜帶出了一股韓流，橫掃台灣，藍營士氣大振，多人表態選總統，包括韓國瑜、朱立倫、郭台銘、周錫瑋、張亞中等人，一副捨我其誰，當仁不讓的氣勢，競爭異常激烈，檯面上唇槍舌劍，競爭白熱化。2019 年的國民黨總統初選，由於每位天王都和台灣競爭力論壇有或多或少的交情，故論壇定調中立不介入，俟提名確定後才出手做民調，誰被提名就幫誰，以利國民黨團結。

　　千算萬算不如天算，2019 年春節大陸習主席發表告台灣同胞書，公佈一國兩制台灣方案，蔡英文抓著機會猛批，硬拗一國兩制台灣方案就是九二共識，而國民黨支持九二共識就是支持一國兩制，鋪天蓋地大內宣，終於三人說成虎，台灣人被徹底洗腦，蔡英文原本低迷的民調，開始有起色，直逼綠營天王賴清德。

　　2019 年 5 月起，香港反送中越演越烈，每次遊行抗議均有一兩百萬人上街頭，聲勢嚇人，而香港政府卻放任無所作為，讓蔡英文撿到槍，如同吃了大補丸，神功護體，在提名的民調上，超越賴清德，獲得民進黨再度提名。而此時的國民黨氣勢卻相反，由於郭台銘、王金平、韓國瑜相爭不下，黨主席吳敦義提名的遊戲規則，讓人無法信服，導至王金平不參加初選，郭台銘敗選不服氣，憤而退出國民黨，韓國瑜雖被提名，但內部團結卻大傷，眾天王們無人肯跳出來力挺，連副總統人選搭當，最具實力的朱立倫、王金平、郭台銘，都無人有意願配合。最後韓國瑜選了無黨籍的張善政搭檔參選。2020 年總統大選，國民黨分崩離析，士氣低落，無法回到 2019 年韓國瑜高雄市長選舉三山大造勢國民黨空前大團結的盛況，因而種下敗因。

　　韓國瑜被提名後，本論壇也開始作民調，共計有三十多次。除了六月剛提名後的第一次民調，韓國瑜勝蔡英文外，其餘的民調，隨著反送中越演越烈，韓國瑜民調也每況愈下，與蔡英文差距越拉越大，最後十天封關前高達近 20% 的差距，無力回天。但韓流聲勢 反而高漲，每場造勢活動均有幾十萬到上百萬之譜，可說是韓流與反韓流的對決。而開票結果，蔡英文大勝韓國瑜近 19%，達 265 萬票。總統立委雙敗，而且敗得很徹底，黨主席吳敦義引咎辭職，國民黨元氣大傷，士氣潰散。

　　龐建國與我站在風口浪尖上，召開民調記者會，肩上都頂著千斤萬斤的壓力，不計個人榮辱得失，身家安危，愛國愛黨情懷，這三年來上百場的記者會研討會、民調發布會可見一斑，龐建國理事長的無私奉獻，溫文儒雅，學者風範，深讓人折服，媒體也廣泛報導，人人稱頌。

　　2020 總統大選，雖然國民黨敗了，韓國瑜輸了，但台灣競爭力論壇在龐建國理事長領導下，表現可圈可點，虎虎生風，仰無愧於天，俯不作於地，是為所當為的民間智庫典範。龐建國理事長三年任期屆滿後，2019 年底卸任後不再續任，但仍堅持理念與論壇繼續合作，出席各項活動，為台灣默默貢獻一己之力。

　　2022 年 1 月 11 日凌晨，龐建國墜樓身亡，留下「不公不義的台灣、我生不如死」遺言，是大義凜然，忠勇愛國的鬥士，足堪千秋萬世典範。十多年來，龐建國與我並肩作戰，是我最親密的戰友，他的離去，我萬分心痛難捨，故寫下〈江城子〉悼龐建國理事長

從政初心在新黨。

旗正黃，永難忘。

留學布朗，回台放光芒。

教授立委智庫光。

宣華揚，滿台芳。

三十年來文綻放。

寫文章，立言榜。

兩岸奔忙，為和平心傷。

戰友西去哭斷腸。

天風霜，與誰商？

▲ 作者呂庭華（右一）全家與龐建國合影

陽光朋友龐建國

中華大健康服務促進協會理事長、資深媒體人｜呂庭華

和你結緣在台北市議會。那時你是新黨十一位新科議員之一。你成名較早，總是把鎂光燈讓給同黨的新人。理性問政不與人爭的好脾氣，使你贏得了媒體和政壇的好人緣。

　　當時新黨初創，形象異常清新，所提參選從政人士，均為各界菁英，遍佈產官學界，有學者專家官員及地方賢達。一時之間，風起雲湧，人才輩出，聲勢浩大。有人以「陽光議員」稱道你，你也喜歡這個稱呼，還把它拿來當做選舉的 slogan，因為陽光不僅代表了光明璀璨，也意味著乾淨和清白。

研究室的同仁大多是你的學生後輩，你對年輕人的栽培，記者都看在眼裡。你放手讓他們做事，成就了許多機緣。如今，他們在社會各個角落，也都各自綻放著耀眼的光芒。記者們愛與你聊天，你的研究室每天都是熱熱鬧鬧、歡聲笑語。府會聯絡人也愛找你排難解紛，因為你理性問政，不會黨同伐異，刻意為難官員。

陽光總是天天灑進這個斗室。

1996 年我從地方新聞轉戰兩岸，在網路不發達、沒有國台辦每周開記者會的年代，大陸新聞的第一手來源和權威解讀，是令我困惱的新課題。你得知此事，一派輕鬆的承諾「我帶你去一趟大陸」。真的說走就走，北京和上海之行，我們走訪了一些官員及智庫。我在一旁看得明白，他們和你之間，那可不是客套和統戰，而是出自內心對你人品和專業的敬重。這對我爾後採訪大陸新聞的影響至深且遠。

我工作的中時晚報是集團裡的旁出，論規模及影響力，和中國時報及工商時報不能相比。但是我在你身上領悟到一件事，媒體大小並不是兩岸新聞跑得好與不好的關鍵因素。台灣記者的專業和敬業精神，如果能獲得大陸官員和專家充分認可和信任，才是比什麼都重要的事。那些年，中時晚報同仁和我個人的表現，都顯得「小而美，小而強」，報社和我，應該都沒讓你失望。

你交女朋友時，對秀珍呵護備至。朋友笑稱，那是熱戀期的短暫現象。但婚後二十年來，你一以貫之，我知道那份體貼是出自你的天性。你們倆位，男主人溫和內斂、女主人熱情精幹，真是天造地設的絕配。夫妻間恩恩愛愛，家庭及事業都令人稱羨。

　　後來，我們在不同的領域各自努力，也各自經歷了人生許多大大小小的事，雖不常見面，但兩家人持續了二十多年的情誼未曾間斷。

　　你在立委任內，曾一手催生「華聚產業共同標準推動基金會」，這是有助於兩岸產業發展的大事和好事，相信歷史是不會忘記你的。

　　得知你罹患腸癌，我去內湖看你，想表達對兄長的問候之意。你面容略顯清瘦，但一如既往神采奕奕，笑容可掬。言談間，洋溢著對治療成果的自信和士大夫憂國憂民的情懷。陽光依舊，我放心了不少。

　　但昨天，你還是突然的走了。

　　我知道，你是中山先生忠實的信徒，也是「國家發展理論」領域的專家，真真切切在校園裡把信仰和傳道授業融合為一。經常往來兩岸的你，眼見百年前國父實業計劃的藍圖，如今在神州大地卻由共產黨人逐一實現，內心一定百感交集。

　　近年，島內亂象頻仍、丑角當道，是似而非的言論充斥在各個媒體。許多我們原本共同認識的記者，如今都走樣了。做為平民百姓，我們或可眼不見為淨；但是你要經常寫社評，這些污濁之氣，每天既要讀也要看，還要下筆品評一番，耿直如你，病體如何能夠日日承受。四大公投及兩項選舉接連失利，眼見藍營無力回天，相信你的內心，一定有著難以言喻的深沈悲痛！

　　龐老師，請一路好走。我們會堅強的活著。

　　也許我們天家再見時，可以歡欣的向你報告，我們真的等到了人間公義到來的那一天。

▲ 作者廖肇弘為照片中右起第一位

謙謙君子，卑以自牧

工研院產業學院數位策略總監｜廖肇弘

　　年初乍聞龐老師噩耗，至今仍不敢置信，悲痛不已。

　　龐老師一直是我心目中，仰之彌高望之彌堅的典範。當秀珍姐提及希望收錄我對龐老師的回憶短文時，一則以喜一則以憂。喜的是，終於可以有機會大聲說出想對龐老師說的話了！憂的是，人微言輕，何德何能，怎敢與諸多達官貴人同時並列？平凡如我，一介布衣，無黨無派、政治冷感；但我只敬浩然正氣、忠肝義膽！後來想想，或許由我這樣的小人物，和諸

君分享幾則日常小故事，更能襯托出龐老師為何能讓如此多人感佩的偉大吧。

雖然已經習慣稱呼龐老師，但其實我並不是龐老師指導的學生，而是約莫二十年前，政府希望大力推動數位內容產業時，因緣際會和龐老師和秀珍姐結下的情緣。當時我任職於科技法人研究機構，在一次研討會後，斗膽直接向當時的龐委員提出一些政策推動建言和想法。其實原本並不期待有任何回應，沒想到龐委員不僅大力讚賞，還主動協助安排了好多次會談，更把幾項想法落實為具體的做法。或許，這就是龐老師國士無雙的英雄本色，只要與國有益，提攜後進，總是如此不遺餘力，奮不顧身。

後來隨龐委員和秀珍姐多次奔走兩岸，有機會更貼近互動，很自然就改口稱「龐委員」為「龐老師」了。其實我並非人云亦云的跟著稱呼，而是真心敬佩，因為龐老師實在是太認真、太用功了！每一場座談會，不論規模，不論主題，龐老師一定都坐在第一排，從頭到尾認真聽講，而且幾乎都是滿滿的筆記。有好幾次比較艱澀枯燥的研討會主題，到最後支撐我聽完全場的，往往都是因為看到龐老師認真的背影，自愧弗如，不敢懈怠，實在比懸樑刺股還更激勵人心。

當時，兩岸情勢剛處破冰初期，雙方互信尚未建立，許多會談場合難免有諸多試探與攻防。但龐老師從來沒有政治人物的架子，不論對方是廟堂高官或是年輕助理，總是謙沖為懷，以禮相待，始終微笑面對所有人。記得有一次，我隨龐老師和秀珍姐帶團訪問大陸，團中當然也有許多赫赫知名人物，大都安排坐在商務艙。當扣好飛機安全帶時，赫然發現，龐老師和邱姐竟然就坐在我身後，在經濟艙中與我們一群小伙子們談

▲ 2003 年 9 月，時任中華數位內容協會副執行長的作者隨團到北京參加第六屆京台科技論壇，與全體團員合影。

笑自若。這個畫面我一直記著二十年了，也一直理所當然地覺得，龐老師和秀珍姐就是這麼純真如家人般的親切。直到後來我才得知，當年龐老師和秀珍姐覺得這次參訪團機會難得，堪稱歷史性的兩岸產業破冰之旅，為了讓更多年輕人可以參加，硬是把他們自己的商務艙經費省下來，這樣就可以多出幾個名額讓我們參加這次訪問團了……。

　　還記得有一年，洽談兩岸重要產業合作，第一次被安排住進北京飯店，一群年輕小伙子在餐會上杯觥交錯後，嚷嚷著要逛逛王府井大街放鬆一下，自然也邀請龐老師和秀珍姐一起同樂。不過龐老師說：「你們好好去放鬆吧，我等下還有重要聚會，

▲ 2004 年 5 月，參加北京廣播電視週活動，右起依序為廖肇弘（作者）、丘智賢、龐建國、邱秀珍、葉元之。

就不陪大家了。」時間確實是很晚了，我想應該是龐老師婉拒之詞，也不以為意。沒想到，龐老師當晚真的赴約一場重要會議，而對方就是溫世仁先生。就是這場在我們不知天高地厚玩樂時進行的重要會議，開啟了後來諸多兩岸產業標準的重大合作計畫，也促成了後來的華聚產業共同標準基金會因此誕生。

當時，隔天我根本還不瞭解這場會議的重要，只看到龐老師有點疲憊但很滿足的笑容，非常膚淺地問：「聽說溫先生很喜歡喝可樂，是真的嗎？」龐老師說：「對的，我平常不太喝那麼多可樂，不過昨晚和溫先生一起喝了幾瓶，談定了幾件事，值了！」雖然我們總是如此地年少輕狂，不知天高地厚，但龐老師就像是和煦春風，引領著我們，有幸參與，甚至創造了好幾次兩岸發展歷史的重大事件。

　　往事一幕一幕，回憶點點滴滴……紙短情長，一言難盡。還有好多問題想向您請益，好多想法想與您分享，好多好多的感謝想親口向您訴說：謝謝您在二十年前，敢讓一個非親非故的年輕小伙子，擔任協會副執行長，讓我有幸與您及邱姐認識結緣至今。北京、南京、上海、蘇州、杭州、廈門、澳門、重慶、山西……，謝謝您開啟了我的眼界，讓我走遍大江南北，認識兩岸的世界。

　　雖然我只是一個小人物，一路走來，您曾在生涯中拉過我好多把。多年以來，每當我轉換工作跑道，總會約您和邱姐一起吃個飯聊聊近況，請益一下未來工作方向，更喜歡看您和秀珍姐一起吃著同一份餐後甜點，然後露出招牌的幸福微笑。後來每一次重要場合的第一位貴賓名單，我總是會習慣性地寫上您和秀珍姐的名字，每一次揭幕、每一次站台，您從來都沒有拒絕過，還常常將我安排到許多重要會議或論壇上暢所欲言，而您就坐在台下靜靜地頷首微笑聆聽。

　　對一位年輕人來說，有機會與您如此近身學習，真的是三生有幸。哲人日已遠，典型在夙昔。這一次，是真的來不及向您報告了。如果真有來生，肇弘想當您真正指導的學生，在課堂上好好認真學習，學習您的專業、學習您的為人、學習您對理念的堅持。

　　龐老師，謝謝您和秀珍姐的提攜與指導，謝謝您的引領、謝謝您的推薦信，謝謝您的浩然正氣。

　　謙謙君子，卑以自牧；多年情誼，永存我心。

　　肇弘永誌不渝

▲ 作者黃明發為照片中右起第一位

悼我所敬愛的龐建國教授

中華兩岸養老產業發展協會理事長
皇家養護集團董事長 | 黃明發

聞名兩岸、望重士林的龐建國老師是我的博士論文指導教授，多年來接受龐老師的教誨，他的身教言教深刻烙印在我內心深處。尤其在我的博士論文寫作過程中，龐老師以嚴謹的治學態度，孜孜不倦地針對論文觀點來回辯證，文稿字斟句酌，力求完美。使我得以在 2017 年以〈海峽兩岸老人安養機構產業合作之研究〉通過論文口試，取得博士學位。在追隨

龐老師學習的過程中，老師淵博的學識讓我在無涯的知識大海中悠游，同時由於龐老師在兩岸關係研究著墨甚深，對於兩岸產業交流的實務運作亦有深入觀察，不僅開拓了我在兩岸研究的視野，更對我在兩岸養老產業的合作構想多所啟發。

龐老師是一位接受東西方完整教育歷練的大學者，也是一位包容台灣朝野不同觀點的政治實踐家，他心繫民族，關懷社會，抱持著強烈的家國情懷與使命感，全心奉獻給國家社會。

龐老師一向給人正直、陽光的形象，私底下與他相處，更是如沐春風。他在中國文化大學除了作育英才，更潛心學術研究，並積極參與海峽兩岸的智庫交流。龐老師極富正義感，經常直言建議，條理清晰，邏輯嚴謹，是非分明，謙謙君子的形象，令我景仰萬分。尤其龐老師豁達的人生觀，淡薄名利，不忮不求，是我們學生輩學習的對象。

一生潔身自愛，忠黨愛國的龐老師經常在報章發表評論，針砭時事，面對台灣現今的紛亂以及兩岸關係的緊張，台灣多數的民眾仍然沉浸在小確幸中，渾然不知台灣正處於關鍵命運的十字路口。龐老師在無奈之餘，仍然秉春秋之筆，善盡言責，努力不懈。

龐老師在文化大學所開設的五門課，包含「兩岸關係專題研究」、「社會科學方法論」、「大國關係與中國政經專題研究」、「中國大陸經濟研究」、「國家發展理論－兼論台灣發展經驗」我皆有修習。除了在課堂受龐老師精闢的立論親炙，龐老師更輔以實務見解來檢視兩岸關係的現況與困境，讓我得以在理論與實務間尋求出一個實踐的平衡點。突破象牙塔的框架限制，提升與精進個人的知識與修為。

　　龐老師和藹可親，師生關係絕佳，是學生心目中經師與人師的表率。尤其龐老師待我有如朋友，我們之間亦師亦友，無話不談，於公於私，龐老師對我多所提點，每次和他請教，都有滿載的收穫。

　　走筆至此，憶及往昔，不盡淚涔滿面。失去龐老師，個人痛失良師益友；國家社會更是失去一位令人敬仰的政界菁英與碩學鴻儒。龐老師雖已離我們而去，但他的精神深深影響著我們，他的風範將永垂不朽！

有為有守的政壇清流與學界菁英

三民主義大同盟理事長｜林定芃

　　一向給人正直、陽光、謙謙君子形象的龐建國教授，在美國布朗大學取得博士學位後回台，先至台灣大學任教，後投入政壇分別擔任過台北市議員與立法委員。龐教授淡出政壇之後，重返學界，在文化大學潛心學術研究、作育英才，並投入海峽兩岸間的學術交流，經常與定芃在兩岸的議題論壇上比鄰而坐。

　　龐教授經常直言建議，條理清晰、邏輯嚴謹、言之有物，是非分明、富正義感，長期在三民主義大同盟擔任理事，以宣揚三民主義為已任，期盼喚醒台灣朝野政黨及學界普遍性的漠視三民主義對台灣發展的卓越貢獻，因此積極參與兩岸議題和公共政策的研究與探討，並曾擔任台灣競爭力論壇理事長，時常發文針貶時事。

　　龐教授畢業於國立中興大學應用數學系，1980 年自台灣大學三民主義研究所獲得碩士學位後，至國立中山大學中山學術研究所擔任講師，後考取國民黨中山獎學金，於 1982 年赴美國布朗大學社會學研究所攻讀博士學位，專攻國家發展比較研究，1987 年取得博士學位。龐教授於 2001 年與相戀 11 年的電視主播邱秀珍結婚，兩人膝下無子但感情甜蜜。

　　在藍營裡頭，龐教授可以說是關注蔡英文「論文門」的第一人，多年前就呼籲監察院調查蔡英文的學位。龐教授也致力於兩岸關係和平發展，積極推動兩岸的交流合作，一直與台獨分裂勢力鬥爭，不畏強權的作風令人欽佩。

2020 年 7 月 1 日，定芃接任三民主義大同盟理事長後，關心龐教授的身體健康狀況，龐教授表示身體狀況已經穩定，定芃即表示敦請龐教授以三民主義大同盟理事兼任推行委員會召集人，同時敦請周陽山教授及杜震華教授共同籌劃編撰《廿一世紀三民主義》一書之意，龐教授當場欣然同意相挺，之後陸續召開了幾次籌備會議，一共邀集 10 位著名學者，分門別類共撰寫 15 篇文章，因逢新冠病毒疫情期間，故第一版新書有所延遲完成，但仍於 2021 年 10 月 22 日三民主義大同盟 40 週年慶當日，同時舉辦《廿一世紀三民主義》新書發表會。

第二版新書方於 2021 年 12 月 27 日完成印製，次日發行上架銷售。元旦假期間，定芃尚與大同盟秘書長林忠山教授商討，今年要敦請龐教授等人再出版一本新書。不料，龐教授於 1 月 11 日 04：34 在大同盟的兩個群組裡同時發出「不公不義的台灣，我生不如死」之信息後不久跳樓身亡。三民主義大同盟因此痛失英才，同時也是中華民國與人民的重大損失，盟友們知悉後均感震驚、不捨與難過，《廿一世紀三民主義》第二版新書因而成為龐教授最後的遺作。

國民黨黨主席朱立倫對此深感痛心和不捨，對於他的諍言也表示有聽到並會記住。中廣董事長趙少康也說「不信公理喚不回，不容正義盡成灰」，他透過臉書表示龐教授深具學者個性，若不是絕望到極點不會做出這樣的決定。而前台北市長郝龍斌早年就熟識龐教授，當時龐是「反共愛國聯盟」最年輕的成員之一，對於國家及社會有很強烈的使命感。

一生潔身自愛、忠黨愛國的龐教授，面對台灣現今的紛亂和兩岸關係緊張的未來，台灣多數的民眾仍然沉浸在小確幸

中，渾然不知台灣正處在關鍵命運的十字路口，誠如國父孫中山先生曾說過的「要喚醒民眾」，龐教授選擇了以最激烈的方式要喚起大家的覺醒。定芃深盼龐教授的犧牲能喚醒民眾，讓國人有足夠的勇氣與智慧，齊心協力扭轉中華民國的困境，建造一個和諧繁榮的公義社會，使台灣真正成為一個宜居宜業的寶島。

▲ 作者徐世勳為照片中左起第二位

典型在夙昔

台北市客家委員會主委 | 徐世勳

我第一次見到龐建國老師是在大學時參加的一次甄選活動上，那是港澳協會要甄選台灣的大學生去參加兩岸四地（台、港、澳、大陸）的大學生交流活動。龐老師當時擔任我們的甄選委員，一般來說，參加甄選者因為緊張以及專注在回答問題上，很難記得住甄選委員有哪些人，但是龐老師卻是讓我唯一印象深刻的甄選委員。因為龐老師在每一個提問之前，

都會先針對題目的背景知識做一段說明，讓我對兩岸局勢、港澳局勢以及台灣現況有更清楚的理解，也讓我更清楚明白問題的核心。那時，我覺得龐老師真是甄選委員中的天使！同時也對龐老師清晰的思緒、條理分明的口條以及對甄選者的善意與耐心深深的佩服與感謝！

2006 年，因緣際會來到華聚產業共同標準推動基金會擔任經理，協助兩岸的電子產業進行相關標準的對話與研討。而我驚喜地發現，基金會的總顧問竟然就是龐建國老師！這讓我對這份工作將獲得的成長與挑戰充滿了更多的期待。

在與龐老師共事的期間，我們舉辦了多場大大小小的兩岸產業論壇，也赴對岸參與推動產業標準的各項會議。我印象最深刻的是龐老師面對每一個活動、每一場會議，總會早早做好各項準備，同時還不厭其煩地為我們解說活動的緣由、發展歷程、目前遇到的困難挑戰及可能的解決之道。這對我來說無疑就是職場大補帖，讓我快速掌握核心目標及執行方向。對於龐老師掌握重點的功力、循循善誘的耐心以及面對每件事全力以赴的態度，都讓我真的打從心底尊敬，也視龐老師為我人生做人處事學習的對象！我常常跟親近的同事朋友開玩笑說，龐老師上輩子一定是革命烈士，不然怎麼會做每件事都像把自己當作蠟燭一樣，燃盡生命、一往無前，更可貴的是，在獲得許多成果之後，總是謙虛地不居功，把榮耀跟大家一起分享。

在我後來職涯上的轉變，不論是熱血自行創業、到國外擔任飯店總經理、乃至意外踏入政壇成為台北市議員，龐老師總是不斷地給予我各種支持、鼓勵。也無私的和我分享他擔任民意代表時的經驗，更慎重地告誡我一定要記得：掌握公權力伴

隨的應是責任及更多的付出！我至今仍難以忘記龐老師在說
這些話時的表情⋯⋯。

　　二十多年前的緣分，十多年的情誼，龐建國老師於我亦師
亦友，我從他身上看到對正義的堅持、對國家的使命感，我知
道他還有很多想做的事，龐老師，您放心！我們會依著您追尋
理想的腳步，一步一步去完成！

我心目中的君子

遠傳電信數位服務首席顧問｜蔡俊榮

第一次見到龐建國老師，是我在政大外交系唸大三的那年春天。當時，正值國內學生運動風起雲湧，我們一起參加一場紀念五四運動七十週年的跨校座談。龐老師剛從美國布朗大學唸完博士學位，在台大社會系教書。讓我印象最深刻的是，我們對於年輕人可以參與社會的方式與立場雖然不同，但他那種娓娓道出個人堅信的理念，又不強迫別人接受的態度，對於正值年輕氣盛的我，真是受到不小的衝擊。

曾經
七十年前
知識分子和青年學生的怒吼
為追求中國的民主與科學
揭開了歷史的新頁

如今
七十年後　讓我們
延續五四的精神
完成五四的心願
更超越五四的侷限
再造一個民主均富統一的新中國

五四運動 七十週年 演講系列

系列之一：談校園民主
時間：77年4月22日　下午2～5時
地點：耕莘文教院（台北市辛亥路一段22號）
主持人：李慶華博士（中華奧會秘書長　本會理事長）
主講人：陳陽德教授（東海大學政治系）
　　　　張春雄教授（政治大學銀行系）
　　　　龐建國教授（台灣大學社會系）
　　　　孫大千先生（台灣大學化工系二年級）
　　　　蔡俊榮先生（政治大學外交系三年級）

系列之二：展望中國的民主前景
時間：77年4月23日　下午2～5時
地點：耕莘文教院（台北市辛亥路一段22號）
主持人：李慶華博士（中華奧會秘書長　本會理事長）
主講人：阮大年校長（交通大學）
　　　　高希均教授（美國威斯康辛大學經濟系）
　　　　黃越欽教授（政治大學法律系）
　　　　周陽山教授（台灣大學政治系）

中華民國歸國學友協會　主辦

　　再次見到龐老師，他已經從台北市議員轉戰立法院，並且自我挑戰涉入一個全新領域，擔任跨黨派立法院數位匯流立法推動聯盟召集人。主導「電信法」、「廣播電視法」、「通訊傳播基本法」和「著作權法」等法案之立法與修法工作。我因為正好也在通訊傳播界工作，時有機會可以近距離看到龐老師一步一腳印，朝自己設立的目標前進。

　　當時，台灣正面臨國際數位競爭力下降，國內數位產業開展不易的階段。相關立法進度落後，被視為嚴重拖垮產業升級的主要原因。話雖如此，那還是一個在科技匯流環境下，各方利益、國家競爭力、消費者權益極度不易平衡的戰場。他和立場不同的人溝通或辯論時，始終都保持溫文儒雅，不慍不火的態度，總是能夠從容傾聽對方的聲音，無論彼此之間的歧見有多大。而他也從不強加自己的主張在別人身上，而是用自己擅長合乎邏輯思考的方式，一次次地、不厭其煩地將他深信不疑的論點傳達出去。我親眼目睹龐老師再度發揮他謙謙君子的風範，不計個人得失，堅持做對的事。

　　有時執政或在野黨立委，為了部分條文爭執不下吵成一團時，就會看到龐老師從旁不疾不徐，用他比起一般政治人物講話速度慢半拍，音量小兩倍，卻充滿理想的嗓音，清清楚楚為大家整理出具前瞻性的思維與條文。他的一舉一動在堪比政治動物園的立法院中，常顯得突兀與跳 tone。

　　為了部分讓產業可以更快具備競爭力而能夠升級打國際盃的立法，龐老師有時會被外界質疑是否有圖利特定產業或集團的嫌疑。但是他完全不以為意，始終如一，堅持做到前瞻立法，增加產業競爭力，為消費者帶來更好、更有價值的服務。他這種只重視大我，不在意個人毀譽的行事風格，雖然無助於

延長他的民意代表生涯，但是過程中，龐老師重視的每一個法案，監督過的每一項施政重點，都為台灣的民眾和產業留下最深遠的影響。

　　小時候讀到論語中有關「君子坦蕩蕩，小人長戚戚」的這段文字，特別有感觸。從此，我就立下了人生的終極目標。後來有幸，在人生不同的階段多次與龐老師接觸時，常不由自主地想到形容君子的這段話，並且從他身上，我看到心目中君子的身影。我終於目睹君子有所為，有所不為的坦蕩。從此，我將跟隨龐老師一生追求不憂不懼的最高境界。

▲ 1991 年 3 月，國際青年民主聯盟（IYDU）在美國首府華盛頓成立，由國內青年教授和研究生組成的 10 人代表團前往華府共襄盛舉，作者王佳煌為照片中左起第二位。

龐老師與我家的兩代情誼

元智大學社會暨政策科學學系教授｜王佳煌

龐老師與我家的情誼，跨越兩個世代。1980 年代中期，我考上淡江國際事務與戰略研究所，參與國民黨文工會寫作小組、北知青與救國團的活動，認識許多他校的研究生，也結交許多好友，至今仍常保持聯絡。龐老師當時是歸國學人，年輕帥氣，英俊挺拔，擔任文工會寫作小組的指導老師（第一組成員是台大研究生，先後由龐老師與周陽山老師指導。第二組成員是政大研究生，由邵宗海老師指導。第三組由朱新民老師指導，成員包括師範大學等國立大學與私立大學的研究

生），也在北知青帶領研究生，從事青年工作。龐老師與我家的兩代情誼，由此開始。

　　一般人印象中的大學教授，不外乎老成持重、不苟言笑、不修邊幅，或是望之儼然，聽其言也厲。我們這個世代的學生深受傳統文化尊師重道觀念的影響，多半不太敢接近老師，看到老師就像老鼠看到貓一樣，何況是大學教授。但龐老師不一樣，他沒有架子，平易近人，很快就跟我們這些不知道天高地厚的研究生打成一片。老師與好友陳維健帶著我們先後成立青年民主聯盟與青年論壇基金會，擔任基金會的副理事長，規劃並舉辦許多思想啟蒙的活動，積極推展青年工作。龐老師也帶著中國青年團結會的好友，推動全球大陸學者、學人與台灣學者、青年學子的學術交流，建立兩岸青年深厚的情誼。龐老師也常和我們聚餐、唱歌、跳舞。對我們這些研究生「小鬼」而言，龐老師就像大哥哥一樣，帶著我們探討國家的發展策略與國家的未來，也陪著我們度過許多年少輕狂的歡樂時光。

　　龐老師大學唸的是數學，出國到布朗大學攻讀社會學，專攻發展理論。當時發展社會學（依賴理論、世界體系理論、發展型國家理論等）在台灣正是顯學之一。1980 年代中期，台灣剛剛解嚴，社會變遷快速，社會思潮澎湃，年輕學子常常自以為了不起，動輒「掉書袋」炫學。不論是正經八百的學術場合，還是私底下的聊天辯論，總是要「落」幾個發展社會學的概念，炫耀自己的「博學」與先進。馬克思主義、資本主義、剝削、依賴、世界體系、核心、邊陲等理論概念與專業術語，成為許多大學生與研究生的口頭禪。雖然我的碩士論文是研究諸葛亮的戰略思想，博士班在政治大學三民主義研究所（後改名為中山人文與社會科學研究所與國家發展研究所）就讀，研

究興趣已逐漸轉向社會學，特別是馬克思主義與發展理論。拿到三研所博士候選人的資格之後，我更毅然決然奔赴美國密西根州立大學攻讀社會學博士，研究發展理論與政治經濟學。在恩師沈清松教授的循循善誘之下，於 1996 年完成政大的博士論文，論文主題為孫中山民生史觀與馬克思唯物史觀的比較研究。之後在恩師 Richard C. Hill 教授的指導之下，於 1999 年完成密西根州立大學的博士論文，論文主題為雁行理論，以台灣為研究案例。回國後在大學教書，所寫的幾篇論文，都以發展型國家為主題。直到現在，許多論文還是與發展理論密切相關。回想起來，我在碩士班之後的求學軌跡，以及現在的研究議程，隱然是亦步亦趨，跟著龐老師的學術軌跡在走。

在我出國留學與學成歸國這段期間，與龐老師見面的次數較少，反倒是先父與龐老師結下深厚的戰友情誼。龐老師忠黨愛國，熱愛台灣，先後投入台北市議員與立法委員的選舉，連戰皆捷。先父來到台灣，係因國民黨政府要將大伯拉伕到軍隊裡面，但大伯是家裡的經濟支柱，先父乃自告奮勇，代替大伯從軍，歷經數場戡亂戰事，輾轉隨軍來到台灣，娶妻生子，安家落戶。儘管是被國民黨軍隊拉伕從軍，轉戰南北，吃盡不少苦頭（如戰友們戲稱的「八寶飯」：少量米夾雜稗、砂、石等），仍然熱愛中華民國與台灣。先父感受到龐老師為國為民的情操，儘管年事已高，仍熱心擔任選舉志工，四處幫龐老師拉票。龐老師歷次勝選，先父興奮之情，溢於言表。

從年輕時認識龐老師，跟隨龐老師，我們看著龐老師從年輕的歸國學人，在大學任教，作育英才；後來因緣際會，投身政治，為民服務，為國立法；在政論節目上舌戰綠色群雄，攻打守辯，口才便給，面不改色，猶如關公過五關斬六將，雖

千萬人吾往矣的氣魄，令人折服。即使是立場、陣營不同的對手，也不得不佩服龐老師的快思健言，難以駁倒。

　　印象中的龐老師，永遠是頭髮梳得整整齊齊，服裝貼身順適，英俊挺拔。熟識龐老師的師長、親友與學生都知道，龐老師常在台大操場慢跑，風雨無阻，數十年如一日，強健的體魄與不變的英挺身材，由此而來。儘管龐老師年歲漸長，髮型改變，但仍帥氣十足，言笑晏晏。雖然我在思想、體力、身材都比不上龐老師，但龐老師與我似乎有個共同點：我們都喜歡穿粉紅色的襯衫。從所謂的色彩心理學來看，這或許反映出龐老師與我共通的個性：平靜的、溫暖的、開放的。

　　正因陽光男孩的形象如此深入人心，龐老師離開我們的消息傳來，才會那麼讓人不敢置信，畢竟在這個資訊社會與網路時代，誤傳與假消息太多了。然而，經過數度確認與新聞報導的證實，龐老師真的離開我們了。他離開不是因為自己的病痛難耐，而是因為他無法接受政客煽動仇中情緒，致使兩岸關係惡化，他所熱愛的中華民國瀕臨危急存亡之秋，無從力挽狂瀾。加上台灣的社會與民眾竟變得如此理盲濫情、不明是非，萊豬、核食均可進口，在所不拒。政客缺德無恥，選民照樣投票支持。這種巨大的擔憂與傷痛，竟使得龐老師痛心疾首到願意離開自己深愛的妻子，離開自己多年的好友，離開自己的門生故舊，只因他不願看到自己熱愛的中華民國就此完結，自己生於斯、長於斯的台灣如此沈淪。

　　「哲人日已遠，典型在夙昔」。回首與龐老師相處的時光，懷念龐老師，是為之記。

國士的化身

天津文創公司財經媒體製作人｜丁萬鳴

> 憶昔龐師初登壇，玉面青衫馬蹄飛；
>
> 八千里路離騷魂，不問功名志有為。
>
> 怎奈東風望中穿，蒼生可憐豺狼吠；
>
> 壯心不老身不待，旦留青燈照是非。

龐建國老師，我的授業之師，論文指導教授，令人敬愛的仁者，揮袖而去，慨然辭世，令人震驚、痛心、神傷。

老師的離去許多好朋友，認識或不認識的都感到難過和深感不值，但我相信老師在告別人世時，心中一定也充滿了許多許多不捨，因為老師是位最標標準准的正人君子，所以做為學生，我會用理解的心情看待正人君子的選擇。

1986 年在一場學術討論會上，我第一次遇見龐老師，當時老師還是布朗大學博士候選人，一頭烏黑的中分頭，一身剪裁合身的西裝，帥氣挺拔，朝氣蓬勃的模樣，日後很長很長的歲月，老師都維持著這種永遠的不老形象。

三年後我入台灣大學三民主義研究所就讀，接觸了孫中山的政治經濟學，對當時方興宋艾的發展理論很感興趣；那時老師在台大社會系任教，他在美國深造時專攻發展理論，又是我們三研所的學長，我很自然的就選了老師的課，後來又請老師當我的論文指導教授。

　　和老師相處多了，我慢慢體會老師彬彬有禮的外表下，有著一種由內而外高標準的自我要求原則；孔子曾說，君子有九思，視思明，聽思聰，色思溫，貌思恭，言思忠，事思敬，疑思問，忿思難，見得思義。」

　　老師在生活中事無巨細，始終都是抱著一絲不苟的精神，他是真正透過身體力行，實踐孔子對君子的定義。

　　老師做人、處事、治學的理念也反應在在他日後從政的態度，1994 年老師應新黨徵召參選台北市議員，便主動辭去了台大教職，在一般人看來是過於冒險，老師卻義無反顧踏上從政的不歸路。

　　其實很多大學教授從政都是用借調模式，腳踏兩條船在學界和政界間遊走，但老師的性格是有所為有所不為，這種取巧的行逕，在他看來無異投機，絕對有悖他的義利之辨。

　　老師有強烈的家國情懷，1949 年國府遷台，老師的尊翁跟隨黃杰將軍撤退到越南，在 1953 年吃盡千辛萬苦後輾轉來台，是四九年渡海來台經歷磨難最苦的一群人；在長輩們的教導下，老師從小立下的志向就是讀書報國，匡複社稷；他投身政治從不是為個人利益，而是基於理想，是「正其誼不謀其利，明其道不計其功」的士大夫風範。

　　司馬遷曾稱讚李陵「自守奇士，事親孝，與士信，臨財廉，取予義，分別有讓，恭儉下人，常思奮不顧身，以殉國家之急。其素所蓄積也，僕以為有國士之風。」

　　龐老師正是司馬遷筆下國士的化身，隨時能捨身為國，可惜生不逢時，但他為我們留下了可敬的典範。

▲ 1992 年 7 月中國青年團結會主辦之全球中國學聯第二屆「台灣之旅」研習營全體學員合影。作者杜保瑞為照片中第一排左起第四位。

國民黨永遠的青年導師

上海交通大學特聘教授｜杜保瑞

龐建國老師是我在台大政治系一年級時期就認識的學長，那是在他唸台大研究所的時期，記憶中，他總是笑瞇瞇地跟一群學弟妹們講話，但又常常作嚴肅狀的表情。我們是在台大三民主義研究社的活動中認識的，這一個社團匯聚了一批極好讀書的菁英，許多學長都是眼神猛利、口若懸河、非要把你講懂了為止的風格，這個社團跟台大校園內純政治性社團

不同，現在回想起來，給它一個定義，就是台大學生自己創辦的社會科學院，舉凡政治經濟社會教育哲學歷史無不關懷，它就是一個讀書性的社團，我後來從政治系轉哲學系也是種因於此，記得當時參加了一個分析哲學讀書會，每周的討論，都得讀書然後發言，我大一時常常翹課，在活動中心辦活動，沒時間讀書，考試時就參考江宜樺、劉慈的筆記應付一下，可是到了社團讀書會的時候，整個下午就乖乖地看書，就在那個階段打下了語意學的基礎，知道一切的理論都在情境中、概念約定中展開的，我特別喜歡抽象的問題，後來就轉入了哲學系。

大一的寒假，在東南工專辦的社團冬令營，龐建國老師是指導老師，他給了我一個即席演講比賽第一名的獎狀，當時我抽籤抽到的題目是〈假如我是台大校花〉，大一的我，延續高中時期閱讀《三三集刊》的心態，還是個文藝青年，感性有餘，頭腦尚未開竅，被頒了第一名，還滿震驚的。近四十年前的往事，場景模糊，當時說什麼已不復記憶，但我肯定不是講什麼學術性的大道理，這也說明了龐老師身上的文藝氣息也是挺重的。

研究所階段，我和許多國民黨籍同學參加文工會舉辦的寫作小組，平常寫寫社會評論的文章，龐建國老師是指導教授之一，見面次數很多，龐老師完全沒有政治氣息，所以同學們有什麼事情都樂意去找他聊聊，可以說是一位非常可愛的政治熱愛者。後來我們一群同學組成了中國青年團結會，以辦理邀請海外大陸留學生來台灣參觀訪問的活動為主，還有陳維健學長舉辦的青年聯盟，以辦理國內政治性學術活動為主，龐建國老師都是我們的最堅實的支持者，當我們需要教授協助簽名、發證、講話、主持、評論各種事情，需要幫忙的時候，第一個就

是找龐老師，這也就是他一直都有許多青年朋友支持的緣故，因為他一直跟青年同學們站在一起，支持我們。

在我成長的路上，龐老師一直是以學長、老師的身分帶領著我。我們許多朋友，包括外省第二代學術界子弟，以生聚教訓的心情，企圖承擔中華，也依循著龐老師類似的軌跡，讀書、講學、參與政治活動，但隨著際遇的不同，又各自發展。在這數十年整體趨向落幕的氛圍中，確實人人都有相當的壓抑與憂鬱。我們有許多人也想就這麼算了，而龐老師則是從年輕時期起，就站在最前線，天真樂觀，積極勇敢，卻又溫和可愛。

龐老師，人生有無數的境界等待經歷，您又進入了新的旅程，必須是美好的！這個社會一定會有無數懷念您的台灣同胞！我們永遠懷念您！

青年之愛—青年團結大會宣言

龐建國

今天，是　國父孫中山先生123歲的誕辰紀念日，在這個充滿歷史意義的時刻，我們願意以誠摯的心聲，嚴正表達青年人對時代環境的省思，對國家前途的關懷。

我們是幸福的一代，生長在寶島台灣。陪伴我們成長的，是安定進步的歲月，是中國歷史上最繁榮富裕的生活，是日益受到國際間重視與肯定的「台灣經驗」，是從不斷的突破與成功中茁壯的自信與自豪。我們何其有幸，一起走過這光輝的從前。

也因此，對於當前社會的一些病態－治安惡化，重利輕義－我們不能漠視；對於國家前途的一些隱憂－缺乏憂患意識，主張台獨毀憲－我們必須發出青年人的怒吼。

我們要求，所有熱情正直的青年團結起來，發揮對國家社會的關愛。基於良知，我們不允許社會失去了正義，人間失落了理想；憑著理智，我們反對渲染過去的創痛、擴大既往的裂痕。讓我們擺脫不必要的包袱，走出歷史的陰影，面對海闊天空的未來，為社會改革獻心力，為中國命運作主導。

我們盼望，所有復興基地的同胞認清一項鐵的事實，那就是台灣的前途絕不能自外於統一的中國。我們唯有堅持中國統一的立場，使台灣的繁榮壯大成為大陸同胞希望之所寄，才能保障台灣同胞既有的幸福生活，也才能繼續開拓中華民族光明的前途。

我們呼籲，當台灣依據三民主義的建設方針，創造了均富的發展模式，邁入了穩健的民主化之路，使中國人在世界舞台上揚眉吐氣之時；當大陸在共產主義肆虐下，耗盡了人民的血汗與淚水，卻仍然在貧窮落後與極權專制中掙扎徬徨之際，所有海內外的炎黃子孫心手相連，一起向歷史負責。

「和平、奮鬥、救中國」，我們要繼承　中山先生的心願與志業，以民族大愛包容凝聚所有反共的力量，讓民主、均富、統一的新中國在我們的手中早日實現。

我們要統一、不要分裂！我們要民主、不要暴力！我們要均富、不要奢靡！我們相信，歷史必將記載：中國以我們為榮！

中華民國 78 年 11 月 12 日

▲ 1998 年攝於競選總部前，作者范姜泰基為照片中第一排左起第二位。

書生、君子、龐老師

前總統府發言人、前行政院研考會副主委｜范姜泰基

六四天安門事件發生的 1989 年，台大社會系一年級的第一堂課，教室走進一位英姿勃發的年輕教授，穿著貼身合宜的西服，帶著笑容開口：「大家好，我是你們的導師，龐—建—國」。

剛上大學的毛頭小子，急著在智識上探索世界，龐老師的現代化理論、依賴理論提供一個觀察各國政治經濟發展的架構，打開了我們在社會科學領域的視野。這位常春藤盟校布朗

大學出身的教授，沒有用艱深晦澀的學術名詞嚇跑學生，而是用親切關懷的態度吸引我們。

夏末燠熱的晚風中，一群同學還在天南地北捨不得回家，就在新生南路巧遇外出慢跑的龐老師，健壯的身材騰蒸著揮灑汗水後的熱氣，老師一句「我們去吃冰吧」，眾人歡呼一聲，迅速進了對街台一牛奶大王霸佔一條長桌，恣意青春的歡聲笑語後，心目中的龐老師已然進階為「我們龐老師」。

大學四年期間，似乎沒有跟龐老師有特別密切的接觸，但不知為何，他看出我對政治活動的興趣，推薦我去參加「愛盟」（中華民國反共愛國聯盟）兩天一夜的營隊，當時頭角崢嶸的政治人物都近在眼前，這應該是我們彼此深化連結的起點。

▲ 1992 年，作者范姜泰基自台灣大學社會系畢業，曾經擔任過該班導師的龐建國與畢業生合影。

　　1994 年秋天，龐老師第一次代表新黨參加台北市中正、萬華區市議員選舉，當時是政治所研究生的我，全力投入競選團隊擔任貼身助理與助選員。很熱、很累，每天穿行大街小巷、日出日落走到懷疑人生，每天都在倒數投票日中度過，實在無法參透選舉的樂趣何在。但是拜票過程中，在環河南路五金街昏暗公廁內並排小解，一種患難與共的革命情感油然而生。

　　再過幾年，龐老師進入市議員第二任期，我退伍到報社擔任記者，主跑台北市議會，即使身分轉變，龐老師的 704 研究室仍是我到議會第一個報到的地點。龐老師選上立委，我也亦步亦趨換了東家主跑立法院，還是三不五時借龐老師的研究室趕稿，那個空間有讓人安心的歸屬感。

　　就在 704 研究室，我碰到一個女孩，後來交往、結婚，龐老師算是我們的媒人。直到今日，我們還是會跟兒子打趣模仿龐老師接電話的語氣「喂一，我是龐一建一國」。

　　此後有好長一段時間因為工作忙碌，與龐老師中斷了聯絡，但仍不時在報章上看到龐老師的大作。及至進入黨、政單位服務，有一回為了兩岸關係與政黨發展的方向，苦思數日找不出解方，即使能就教的黨政學界人士不少，腦海中浮出的第一個人選還是專業又儒雅的龐老師。在內湖的辦公室敘舊，聽到龐老師娓娓談起年輕時幫李總統擬稿，原以為這是書生報國的良機，沒想到執政者卻一步步把國家帶往歧路。語氣中沒有太多憤懣，但眼神中藏不住的不甘與失望，我明白這是知識分子才會有的喟嘆。

　　最後一次見面，是大約一年前在內湖大賣場的巧遇，我們夫妻主動上前問候龐老師與秀珍姐，雖然 30 年過去，龐老師

沒有太多改變，帥氣中帶著同樣溫煦謙和的笑容，「我知道你在做表演工作，加油！」心中霎時暖了起來。

再沒有機會聽見「我是龐—建—國」，何其榮幸能跟您有生命中的交會、接受您的指導，在我們家人的心中，永遠都為您保留一個貴賓席。

書生報國的典型

台北市議員｜張斯綱

我最早認識龐老師是大學時參加「中國青年團結會」的活動，龐老師是指導老師。當年龐老師剛從美國學成歸國不久，年輕長得又體面，是台大的明星教授。那時大概是1989年天安門事件後的三、四年，兩岸互動還不多，兩岸學生之間的接觸就更少了。中國青年團結會主要工作就是搭起兩岸青年學子的交流平台，讓台灣的同學和六四後流亡海外的大陸同學有機會相互認識、交流。中國青年團結會邀請大陸留學生來台參訪時，我擔任義工陪同環島和到政府機關、學術單位拜會、座談，龐老師就全程帶領著大家。龐老師認真、單純，而且對學生很親切也很有耐心，當時大陸的同學私下都覺得，龐老師跟大陸老師的風格真的很不一樣。

另一方面，大陸在海外的學生團體也會邀請中國青年團結會去歐美參訪，我就曾經參加過一次到歐洲的參訪團，同樣是由龐老師帶隊。90年代初期，台灣剛解嚴不久，不只大學生沒什麼機會到海外交流，就連從台灣直航歐洲的航班都很少，我們那時候就是到香港轉機去法國。而且因為我是役男，要出國更是麻煩，還得由龐老師為我作保。我記得，當時我們在法國見到了封從德等六四民運的學生領袖。今天回想起來，中國青年團結會和龐老師當年真的走得蠻前面，開啟了兩岸青年交流的先河，讓大陸留學生能認識台灣的現況，也讓像我這樣的台灣大學生，能透過和大陸同學的接觸以及到海外參訪的機會增廣見聞。這種工作一般大學教授是不太願意去做的，因為要

花費非常多的時間跟精神，而且過程中可能碰到的問題又多。更重要的是，做這些事對於個人的學術生涯並沒有什麼實質幫助。但龐老師願意做，而且還非常投入。

我之後會去就讀政大東亞所，或多或少也跟大學時參加了中國青年團結會的活動和龐老師的引領有關。很多人或許不知道，今天台灣政壇一些檯面上的政治人物，以及多位中國大陸研究領域的學者，當年也都曾跟隨過龐老師參加中國青年團結會的活動，由此就能看出龐老師的遠見和使命感。

我和龐老師的人生交集主要有三段，一段是中國青年團結會，一段是龐老師從政以及到海基會任職，再一段就是我就讀文化大學國發所博士班。龐老師選舉時我也擔任過義工。即使投身複雜的政治環境之中，龐老師依然保有赤子之心，從不跟人拉幫結派，連選舉都是規規矩矩拜票、拉票，不走虛華路線。即使是在選情較辛苦的時候，龐老師也不會去喊什麼「告急」之類的口號，或是有什麼戲劇性的表現，就跟他的個性一樣，是很實在的一個人。

2004 年 9 月我考上文化大學國發所博士班，跟在所裡任教的龐老師又有較多的互動。但課堂上龐老師依然很嚴謹，不會因為我跟他熟就放水。如果覺得報告格式不對、內容引述有問題，龐老師還是會把我找去，直接告訴我。我在博士班修完兩年的課，也通過了資格考和論文初審。龐老師是我的論文指導教授，所以每隔一段時間就要和龐老師見面，討論每一章、每一節該怎麼寫。後來因為工作和家庭因素，2007 年我就先辦了休學。之後在 2008 年的總統大選期間，因為我也參與輔選工作，跟龐老師見面的次數又增多了。每次只要碰到龐老師，龐老師就會盯我的論文進度，讓我很不好意思。

　　而在前總統馬英九勝選後，龐老師出任海基會副秘書長，我也到了海基會工作。在海基會那段時間，我當時的感覺是龐老師非常樂於承擔起這份重任，因為他就是一個有使命感的人，認為這份工作可以做一些他想要做的事，因此他做得很帶勁。但後來在發生所謂的「發言風波」，不久後，龐老師就回到文化大學國發所擔任專任教授。最終，我還是未能完成博士論文，但龐老師只告訴我，如果沒有想要從事教職，反正書也讀完、課也修完，那就當成是自我的進修吧。龐老師從來沒有去想什麼旁門左道的方法，讓我能夠取得學位。

　　我覺得，龐老師這一生就是書生報國的典型。對於他做出的最後決定，我很是震驚，這不像是龐老師，因為他並不是個悲觀主義者。但這又有點像是龐老師，我想，龐老師心裡應該是有著什麼樣苦，而他發現自己已無力改變，才會做出這最後的選擇。

龐建國老師與我的師生情緣

新北市議員｜蔡淑君

那天，我正好帶著員工要去旅遊。一早在遊覽車上，手機突然跳出龐老師離開的消息，我整個人呆住了，看著新聞忍不住就痛哭了起來，全車的人都嚇到，不曉得到底發生了什麼事。到了第一個目的地時，我完全沒有心思下車，一個人留在車上在臉書寫下了這段話：「老師一路好走，謝謝您這三年在文大國發所的指導，悲慟不已，敬業的您帶給我們許多的教誨，嘎然而走了⋯⋯」。

我當初會去讀文化大學國發所博士班其實就是因為龐老師。當時很多人希望我參加2020年立委選舉國民黨黨內初選，但我清楚自己的身體狀況難以負荷這個選區範圍如此遼闊的民眾服務工作。那個時候因為兩岸議題很熱，電視新聞經常可以看到龐老師接受訪問。面對各方勸進壓力，我就興起一個念頭：「那不如去讀書吧！」其實很多學校都會到議會招生，我之所以選擇文化大學，完全是因為龐建國老師在電視上對於時事的評論和風采吸引了我。我還記得，2019年5月11日博士班入學口試那天，有老師問到，「為什麼會想來讀博士？」我的回答是：「既然都是學習，與其到立法院當新生，不如重回學校當新生。」

進入博士班後，我修最多的就是龐老師的課，只要是龐老師開的課我基本上都選，包括：兩岸關係、全球化、國家發展、全球經濟等等，而且不只是我，我們同學最喜歡修的也是龐老師的課。因為龐老師總能深入淺出，讓即使原本不是這個領域

的同學，也能理解老師講授的內容。而且龐老師每堂課最後還會發給我們講義，幫大家整理出這堂課的重點。

　　除了知識的傳授，更難能可貴的是龐老師展現出的風範。在他後期生病時，大家都勸龐老師坐著講課就好，但他還是會不時站起來，我可以感受到，這是龐老師對這份工作、對學生的尊重。而且在課堂上，龐老師從不將他個人的政黨傾向和偏好利用授課灌輸給同學。他甚至還不時提醒我們，不要將個人的意識形態滲透到學術領域之中，否則判斷就容易出錯剛入學時，龐老師還告訴大家，同學們之間不要害怕誰比較優秀，而是優秀的要去幫助比較忙碌的同學。因為有龐老師最初的提醒，我們這班的感情一直很好，而且在相互扶持、「集體作戰」下，我們最後一起順利通過了資格考。

　　課業之外，同學也常將一些生活上遇到的問題向龐老師求教，龐老師總是很有耐心地跟我們分享他的人生經驗。有一次，大家跟龐老師吃飯，我就坐在老師旁邊，龐老師知道我那天因故心情不好，他就像往常一樣，將手心朝下輕揮兩下，示意我緩和一下情緒。龐老師告訴我，人的一生會碰到許多情緒瓶頸，但要學著控管好自己的情緒，只要將思緒先沈澱一下，很多事情過了就好。但安慰我的同時，其實當時老師已經生病，自己的身體已經不是很舒服。

　　身為民意代表，龐老師不時提醒我莫忘初衷，永遠不要忘記當初從政的理念是什麼，記住自己這一路是怎麼走來的。我很慶幸自己當初選擇了文化大學國發所，因為那裡曾有龐建國老師。

▲ 作者洪耀南為照片中第二排右起第三位

道雖不同，其爭也君子

淡江大學外交與國際關係助理教授｜洪耀南

「道雖不同，其爭也君子」這題目是龐建國老師幫我拙作《中共百年，看習近平十年》所寫的推薦序標題，龐老師是我的博士論文指導教授，課堂上他授課解惑，課堂下我們就交流，雖政治立場不同，觀點上時常針鋒相對，所持觀點未必相互接受，但我跟龐老師是真心交流切磋，從來不會妨礙我們之間「師生之誼」。

　　當知道編委會要幫老師出紀念文集，我毫不猶豫的答應，就像他幫我的書寫序一樣，第一時間就答應，因為我們彼此都了解。

　　還沒有找老師當指導教授之前，我就聽聞一個流傳在布朗大學留學時的故事，當年留美，去的時候都帶兩個皮箱，學成歸國的時候帶二貨櫃回來，而龐老師律己甚嚴，去時二個皮箱，回台灣也是兩個皮箱，甚至畢業後短暫寄住學弟的宿舍，每當要讀書時，傳聞你都把經國先生的玉照拿出來擺上桌子之後才開始唸書。雖然之後沒有正面跟老師求證傳聞的真假，但從你律己甚嚴的身教，傳聞已經不需要再求證。

　　課堂上不疾不徐，講述國家發展的理論，帶著清淡的笑聲，如今只能在腦海中回憶，而老師常講，「我們立場是非高下，暫時不會有定論，唯有待時間來檢驗和確證」。老師都用國家發展比較研究的視角看待中國大陸的發展，把中國大陸擺在國際性歷史結構演進的脈絡中，橫向是與當前或過去的發展階段相近的國家做比較，縱向看齊發展情況的前後對照，因此老師一直認為中國大陸的發展是相對安全、穩健、可持續性。而我採取是自由主義立場，民主國家發展的途徑，帶點批判意味觀察中國大陸。

　　如今老師已經笑笑離開，但卻讓我們的爭論停留在過去，讓這道題目留下無解的答案。這道無解的題目，或許是老師為兩岸留下最好的發展解答，「道雖不同，其爭也君子」不只是我們師生的交流模式，更可以是未來兩岸交流的模式，發展道路雖然不同，兩岸競爭亦能採取君子之爭，而非霸道。

　　對老師的思念，只能掉入依賴途徑，從過去互動的點點滴滴，逐漸拼湊而成，謝謝老師在我成長過程中，成為我人生最重要的一塊拼圖。

道雖不同，其爭也君子

龐建國

我和洪耀南的關係，是師生，是朋友，也是對手。課堂上，我是他的老師，博士論文的寫作上，我是他的指導教授，我們有著師生之誼。下了課，閒聊時，耀南的見聞很廣，有趣的風花雪月乃至於內幕消息不少，我們以朋友相交。談到了政治，特別是對大陸情勢和兩岸關係的看法，我們各有堅持，是藍綠分明的對手。

　　不過，儘管我和耀南的政治立場不同，觀點經常針鋒相對，我必須要說，他是我認識的綠營人士中，頗適合交流切磋，對話溝通的一位。他一方面活動能力很強，另一方面讀書和寫作也頗勤奮努力，評論起事情來，有他獨特的觀點，雖然這些觀點我未必同意，卻也促使我去體會另外一種角度的思維，所以，當耀南要我為他的書寫序時，我毫不猶豫的答應了。

　　在這本書名為《中共百年，看習近平十年》的書中，耀南用結合中共黨史和當前時事的手法，對於大陸情勢和兩岸關係提出了許多分析和評論。行文中，大家可以見識到，耀南對於中國共產黨的黨史下了一番功夫，所以，「古田會議」、「通道會議」、「猴場會議」和「遵義會議」這些歷史場景，他信手拈來；毛澤東，周恩來，劉少奇和鄧小平之間的恩怨起伏，他娓娓道出。同時，耀南也表現了他對於當前大陸情勢的高度關注，特別是習近平上任以來的演變是他探討的重點。

　　說句老實話，我對於耀南在此書中所採取的分析角度和評論立場，並不是很贊同。基本上，耀南採取的是帶點獨派色彩

的自由主義立場，從較高標準的民主籲求切入，所以，批判意味較為濃厚，甚至於偶爾出現敵意。在這樣的觀察之下，大陸難免問題叢生，危機四伏。

　　我對於大陸情勢的看法，傾向於採用國家發展比較研究的視角，把大陸擺在國際性歷史結構演進的脈絡中，橫向與當前或過去發展階段相近的國家做比較，縱向看其發展情形的前後對照。在如此的觀察下，大陸的發展是相對安全、穩健、可持續的。

　　這兩種立場和視角的是非高下，暫時不會有定論，唯有待時間來檢驗和確證。值得強調的是，雖然我和耀南對於大陸情勢與兩岸關係的分析判斷迥異，但是，從來不妨礙我們之間的交往與情誼。他還是敬我為師，我仍然視他為友，道雖不同，其爭也君子。這是我們彼此之間交往的基調，我希望這樣的相處氛圍和對待之道，也能夠出現在兩岸之間。

一個眞誠的朋友的離去

法國塞爾奇‧蓬多瓦茲大學教授｜張倫

年初，元旦剛過，節日的餘溫依舊，人們帶著回想開始工作學習，在疫情時代尋覓著新一年的希望。冬季還在繼續，新一輪疫情又開始肆虐。

猛然，在網上偶讀到一則消息，震驚之餘，在自己的微信朋友圈寫下這樣一段話，記錄當時的心情：

震驚，難過！死亡像酷冬帶著凜冽寒氣與陰霾伸延著！認識近三十年的好朋友！一個純正、儒雅、真誠的人！就這樣告別人世！多年間萬里相隔甚少聯絡，但能想像到許多他的心緒——他熟悉、喜歡、理想的世界逐漸崩塌，再不回返。他也瞥不見他所渴望見到的希望之光，被各種衝突的價值，島內外的種種紛爭、不明的前景所纏繞撕裂，終於找到如此的解脫方式，讓真誠與理想有一個完身，內心有個平靜！……哀哉！建國兄：永遠記著你的友情，你的好！你按照你做人的原則，對國家的理想做了自己該做的，能做的，餘下的就由他人後代歷史去解扣評定吧！好好安息！我還得繼續上路，帶著對朋友們的懷念、承諾與記憶！

記得結識建國兄是我第一次 1991 年春參加「校園之旅」去台灣參訪時，是一位現在也已故去的好友陳維健介紹的，那時與維健也是初識。在台大附近，夜色初降之時。維健介紹說：「這是龐建國，也是搞社會學的，布朗大學的博士。」因自己是社會學博士在讀生，且在大陸時也有赴布朗讀社會學博士的朋友，故對此印記清晰。建國兄笑著溫雅地打招呼，那清朗的

笑容，在有些暗淡的光線裡，顯得明亮，英氣勃勃。他問及我從大陸出來及當時的生活學習情況。由此，他成為一位不常見面但是很好的朋友。

不常見，是因遠隔萬里，我在歐洲，他在台灣；很好的朋友，是因我喜歡純正，有些理想氣息的人。與這樣的人交往，讓我有因友誼而生的那種輕鬆，愉悅感，不設心防。更何況他一直關心兩岸關係、大陸的人權與民主事業，有些話就可多說些。他也是數次邀約我赴台觀選參訪的「中國青年團結會」長期的顧問，那個會的許多骨幹也曾做過他的學生，與他有密切的交往，所以，近三十年中，間或有機會赴台，總是會時間長短不一地見上一面，攀談幾句，可相關的記憶多半都已在歲月的磨蝕下含混不清。

但這樣幾次卻依舊記得的。1999 年，「六四」十周年，在台北市政府樓下演出廳舉行恐怕是多年唯一一次大型的帶文藝演出的在台紀念活動。作為市長的馬英九及市政一班人馬，社會名流包括民進黨的元老康寧祥先生等皆出席。建國兄主持。他的幹練，對會場的把握，給我留下很深印象。2008 年他出任海基會副秘書長後，一次赴台，約了一起在海基會所在地樓下吃飯，飯間，贈我他的著作，聊起其人生規劃，談到以後要回大學任教，要把正教授資格拿到等等。也許是政治的沖磨，那次讓我覺得他對人生有些感慨，也有了新的樸實與豁達。

2012 年春帶全家赴台遊歷，抵台當日，一些朋友聚會請我們全家吃飯。春日裡，他坐在我旁邊，依然是那樣的笑容，帶著對朋友的真誠。我一直欽羨他駐顏有方，似乎歲月儘管流失，卻與其無妨，依然有的是那個我初識的面容。我想，除了

那是他深愛的妻子照顧的結果，還有，就是與他那種理想、善良的人生態度有關，很自然也很積極。一不管你是否贊同他的生活或政治觀點，如果他站在那裡，所有有些人生經歷的人，都會知道，你面前這個人是一個純正的人。

這樣的人，我竊以為其實是不宜去從事政治的，尤其是在台灣這樣一個不僅是政治且文化認同等各方面都發生劇變，錯綜複雜的環境中去從事政治，一個如此正直、理想性的人又怎能不感到失意、受挫乃至無望呢？但他深受藍營那種混雜著傳統文化與近代民族意識理想教育的影響，修身齊家，治國平天下，相似朋友的互動砥礪，對大陸故土的責任感，中華民國的命脈傳承……那種參與感、使命感是與生俱來的，他又怎能置身事外？結果，他不斷地參與，熱情傾灑，收穫成功，也領教失敗。

慢慢地，感受到他的變化。無奈，憤懣，對未來、自己的位置與所為的那種不確定感，……這種種，我都能理解，那是某些邏輯的自然伸延；人生到了一個階段，社會，歷史也走到一個新進程。但許多與他年輕時代時的想像肯定是不同的，包括情感與理念縈繫的藍營呈現的某種頹縮，內耗，軟弱，或許都是他難以接受的。

最後兩次見面是 2016 年我在政大做數月逗留，撰寫我在法國升正教授所需的著作論文，歸法前去文化大學做個演講，在他的辦公室裡略略攀談。他臉上依舊是微笑，但已帶蒼涼；似乎看法也有別，但他依舊保持著對我的尊重和友情。如果記憶無誤，最後一次，該是 2017 年去台出書，很江湖的吾爾開希聽說了，有一晚邀約一批台灣的朋友到一很江湖氛圍的小台灣飯店，商議為已故的劉曉波、大陸人權做些什麼，有

藍綠，社會文藝，社運等各類朋友到場，有未來的市長，立委，也有名滿華人世界的作家，藝人明星。建國兄也來了，坐過一段，話不多，與人略略聊過，喝些酒後離去，未及深談。他還是抱著對朋友的誠摯友情，以及對大陸人權狀況的關注。那場聚會實際上也沒有任何下文，但給各類朋友提供了一難得的機緣聚會。

他乘車於夜色裡離去的那身影，還有些記得。

很奇怪，看到他留下的那兩句遺言，我絲毫沒有覺得意外，好像他很久前就早就寫好給我看過。於我，他是一個三十年交往，見面時間卻不多的朋友，但我依然覺得還是瞭解他，理解他，也感謝人生道路上遇到過這樣一位真誠的朋友，一位最後寧願讓自己堅持的真誠將自己淹沒也不願放棄真誠的朋友。活得真誠，去得也真誠，一個真誠的人真誠地活過一生，這也是為什麼他的親人，朋友依舊在懷念他的原因，因為人生是不能沒有真誠加以滋潤的。

2022 年 7 月 8 日於法國巴黎郊外

寧靜以致遠，淡然志永存

立法院資深國會助理｜莊廣源

世人在評價一人是非功過時，總以為要靜待「蓋棺論定」，但還是有極少數人，能因為自身對於信念或價值的堅守，而早早在眾人心中留下深刻的印象。

龐老師就是這樣的人，過去偶有機會和師長們聊到龐老師的為人，所有人對老師的評價皆不約而同－「謙謙君子」、「正直」和「博學」，即使如家母般的普通家庭主婦，在得知我修習龐老師所開的課程後，第一句話也是「從電視上看就是非常謙和的學者」，龐老師就是這麼「如你所見」地真實。在大環境追捧膚淺價值、扁平思想，而人心浮動的如今，老師能受到如此高度一致的認同，可知無論是在大眾面前，還是在私人領域，老師的人格特質是如此深植人心，且受到讚揚。

記得所修老師的第一門課是就讀碩士班時的「美國文化與社會」，即使該議題對我而言絕對稱不上感興趣，但也因為這堂課，在畢業論文選題時，讓我一度思考是否請龐老師指導，並嘗試以我相對不擅長的美國種族衝突為研究主題，只是不巧，適逢龐老師被延攬至海基會擔任副秘書長，這個盼頭也就自然作罷。然而可以讓一個學生從毫無興致，只因修了一門課就萌生請老師指導相關課題的想法，龐老師的學識豐富，所授知識引人深思，可見一斑。

龐老師對學生的照顧總是以學生的需求出發，不少學生會向老師請教課程知識外的問題，我就不時在人生受挫或面臨抉擇時尋求老師的建議，奇妙的是每次自己覺得難上青天的事，

一經老師開導就迎刃而解了，我常在與老師聊天後，摸不著頭腦為什麼自己之前會如此煩惱，我想這是老師所散發的氣質令人信任及心安。

某次在向老師請益後，我們一起從校園走去買午餐，十分鐘的路程，除了一開始僅僅兩句閒聊我平時如何往返學校外，接下來就是無盡的沉默，這段無聊的漫步卻是我對老師最深的記憶，相對於走出研究室前老師的侃侃而談，略顯尷尬的步行，有如一幀遠景，又像黑白默片，看似無話可說，其實是因為無內容的聊天，還不如沉靜的優雅。

數年前因緣際會，我再次有幸坐在龐老師的課堂內聽講，所受啟發一如既往，老師的風範也與之前毫無二致，無論時空環境如何變遷，龐老師依然是我心中的龐老師。

老師總能展現自然的寧靜，那麼波瀾不驚，我無法說老師是否是去尋找他心中的平靜了，但至少在告別式上，即使人潮湧動，我確實又感受到龐老師以溫暖的語氣在說著什麼，溫溫地、淡淡地，我甚至不覺得老師已經離我們而去了，直到儀式結束。

身為學生，以幾筆文字描繪老師的形象，不僅僭越也顯得淺薄，在我獲得龐老師同意指導博士論文不久後，老師離開我們了，我想，我和老師畢竟還是緣慳分淺，就留下點回憶稍解那難以填補的遺憾吧。

悼念敬愛的龐建國老師

北京大學法學院台灣校友會理事長｜李正言

今年 1 月 11 日一早，赫然在網路群組內看到龐老師過世噩耗，一時之間無法置信，待回過神來，看到一則則網路群組留言：「不公不義的台灣，我生不如死！」才發覺事態嚴重可能真有此事，忐忑不安心情下多方求證，最後證實屬實後，內心深感沉痛不捨與遺憾。

與龐老師的緣分，源自二十多年前，當時本人由於經商的關係，與台北市環保局因執法見解不同產生矛盾爭執，數度協調未果，陷入僵局。後經由新黨朋友引介時任台北市議員的龐老師，龐老師熱心公正，以法律與政府施政角度了解雙方爭執關鍵後，對環保局相關同仁建議此事政府應依法行政，三言兩語即化解爭議。當時我對龐老師溫文儒雅書生形象，以微笑化解衝突的特質備感敬佩，也因此與龐老師熟識並進而結下不解之緣。

之後龐老師繼續在政界服務，我則因緣際會，除了在台灣經營企業之外，亦於海峽對岸開展事業版圖，經常往返於兩岸，雖然與龐老師面對面交流的機會少了，但每當在報章雜誌讀到龐老師的文章或媒體有龐老師的相關訊息報導時，總是會特別予以關注，尤其龐老師對於兩岸關係的精闢見解，讓我深感因有龐老師如此中流砥柱，正是兩岸關係安定的堅實力量。

近二、三年因疫情因素多數時間留在台灣，得以與龐老師偕同師母重續緣分。之後與龐老師聚會時，總是聽到他對於我

的殷殷關切與建議，對我所提出的淺見總是專注傾聽，經常頷首微笑不吝給予鼓勵與指導。

在龐老師過世後，除了不捨與追念之外，作為學生的我們，對於他所遺留的珍貴思想，更思應廣為傳達。龐老師博古通今、飽覽群籍，著作甚豐，本人不揣淺陋，以下謹自龐老師近年著作中整理出讀後心得，與讀者分享。

龐老師觀察，自 1978 年中共十一屆三中全會決定「改革開放」後，40 多年來中國大陸發展成就輝煌燦爛，可與蔣公與經國先生的「台灣經驗」隔海輝映，造就中華民族發展史上的兩段偉大成就。而從 1949 年兩岸分治後的發展經驗發現，當台灣或中國大陸發展路線依循中山思想推進時，都能獲致良好表現，若背離則會弊病叢生。

遺憾的是，曾身居亞洲四小龍的台灣，未在兩岸關係回春之際，運用大陸廣大市場與經濟動能厚植實力，更未對去中化的各級教育課綱撥亂反正，使台灣淪入「悶經濟」的困境。且在蔡英文 2016 年當選總統和執掌政權後，不斷推動文化台獨、柔性台獨、漸進台獨，導致兩岸關係更加雪上加霜，台灣經濟持續低迷不振。2020 年後更配合美國遏制中國大陸成長發展戰略，向美國一面倒，鼓動臺灣社會的「反中」氛圍，升高兩岸對立態勢，將台灣逼向兵凶戰危的險境

展望海峽兩岸未來發展態勢，台灣需思考如何在民主體制下維持政治清明與促進政府效能，在全球化和區域整合的大潮流中，為台灣的後續發展找出正確的方向和路徑。無論就血緣、文化、地理或者既有的產業和經貿連結，台灣都應該善用中國大陸發展勢頭，找尋兩岸互利共贏的可能性，營造相互依

存的共榮基礎，攜手面對新世紀的挑戰。中國大陸則需要在達
成快速經濟成長之餘，思考如何改善分配問題，順勢逐步展開
民主化的步伐，透過民主體制來防止貪污腐化與民怨，提升老
百姓尊嚴，構建和諧社會，邁向可持續發展。同時經由經濟與
政治體制的趨同，夯實海峽兩岸互信基礎，推動兩岸關係和平
發展走上制度化路徑，共謀中華民族的復興。

　　面對民進黨近年每逢選舉即操弄「抗中保台」，而身為最
大在野黨的中國國民黨卻對兩岸議題進退失據，無法發揮制衡
的力量。龐老師苦心孤詣，建議國民黨應提出現階段的主要訴
求，將基本立場化為簡明的口號加以表述，龐老師所提出的主
張為「捍衛主權、反對台獨、弘揚民主、振興中華」。其中，
「捍衛主權、反對台獨」能在國家認同上與民進黨做出區隔，
維持兩岸現狀；「弘揚民主、振興中華」則可以作為國民黨現
階段的奮鬥目標，在兩岸關係上展現積極進取的意向。誠以為
龐老師的主張確實是目前解決兩岸僵局，避免台灣人民陷於兵
燹的良方。

　　謹以此文悼念鑽研中山思想、國家發展與兩岸關係研究的
學者政治家龐建國老師，他心繫兩岸與國家民族未來發展，提
出可長可久的具體方案，已經在歷史與我們心中烙下美好的見
證與印記！

難忘浩瀚師恩

中國國民黨內湖區青工會會長｜袁鈺鈞

至今仍無法接受龐老師已離我們而去，跟老師相處時的每個畫面依然清晰如昨。

與龐老師相識十年，他不僅是影響我最深的師長，也是我最敬重的長輩。老師令人敬佩的不只是他扎實的學術涵養，更是他的身教言教；為學生親身示範何謂不忮不求表裡如一。

第一次在文化大學中山與中國大陸研究所遇見龐老師，老師的陽光笑容、學者氣質和條理分明的論述，讓原本茫然於到底適不適合念研究所的我決定一試，希望經過老師的教導洗禮，我也能有機會像龐老師一樣有內涵又氣宇非凡。但事與願違，當時龐老師並沒有開碩士班的課，好不容易才等來碩博班合開課程的機會。上龐老師的課，發現他對班上的同學一視同仁，課業要求上絕不因為我們是碩士生就放水，而即使我們提出了種種不成熟的問題，他都仔細回應，為我們解惑。

碩士畢業後，在老師的影響下，我試著報考國民黨中央黨部的考試，有幸錄取中央政策會政策研究部。由於只是個小助理，並沒向老師報告，直到有一天支援黨團記者會直播時，機台前赫然出現一個熟悉的身影，當下我超激動的想大喊「老師，我在這兒！」，好不容易等到直播結束，正要手刀衝去找老師，老師已走到我面前關心地問我怎麼會在這裡，我說我在黨中央當助理呀，沒想到龐老師竟然掏出手機，問我電話有沒有改。那一刻，我清楚感覺到，老師對年輕人加入國民黨是如此地殷切期待。

　　不過 2018 年總統大選國民黨失利，身為小螺絲釘的我決定重返校園擔任助教，希望為黨找到一些年輕生力軍，略盡微薄之力。回校園後遇到老師，龐老師一句「歡迎」，讓我既溫暖又感動。擔任助教期間，龐老師有一段時間代理所長，這段經歷更讓我深覺個人何其榮幸能與老師共事，儘管因為老師的好人緣，讓原本就十分繁忙的所務與活動量達到巔峰，即使心裡偶爾難免犯嘀咕，但看著老師不分對象、不求回報地親力親為，不管場面大小都認真地投入準備，我也心甘情願一場接著一場地辦，甚至還期待著下一場的到來。

　　老師非常尊重也體恤每一個人，常常鼓勵大家要精進學識。除了邀請大家參與各式研討會，或准假參加交流活動，就連我提到沒讀博士班的遺憾，老師也慨然當簽辦人，幫忙寫簽呈申請在職進修。雖然礙於當時規定，很遺憾簽呈沒過。但我也不知哪來的勇氣，當機立斷選擇辭職，進入博士班，成為全職研究生，也在還沒確定研究主題就趕緊卡位，爭取當老師的指導學生。在龐老師點頭答應的那一刻，內心小宇宙已徹底沸騰。

　　認識龐老師十年來，老師從未斥責過我，但只要他語氣稍微重一點，我會特別難過，並認真檢討反省。對我而言，老師無所不通，萬事皆能理性分析，每當我遇到困惑或是重大的抉擇時，總是先想到向老師請益，而老師也總能耐心傾聽，指引我做出合宜的選擇。

　　正因如此，初聞惡耗時，我六神無主難以置信。龐老師的逝去，是國家的不幸、社會的悲哀，更是身為學生的我們最大的遺憾。但逝者已矣，縱使有萬般不捨，也該收起悲傷的情緒，謹記老師對我們的期許，以有限的能力發揚老師的精神，才能報答老師對我們的培育之恩。

最後的跫音

中華青盟促進協會理事長｜吳靜君

我在 2018 年進入中國文化大學國家發展與中國大陸研究所碩士班就讀時，龐建國老師教授的是博士班，之所以有機會接觸到龐老師，是因為我當時修習李孔智老師的課，李老師所開出的參考書目中有龐老師所著《孫中山思想的時代意義》。當時我負責幫同學找書，因為這本書已經絕版，於是我冒昧的在所上群組中加了老師的 LINE，請教老師該書是否會再版，或是老師是否知道哪裡的書店還可以買到，老師看到訊息之後回說他在學校研究室尚有一些存書，可以送給班上同學。後來，老師把最後的 9 本存書全送給了我們，應同學要求，老師還在每一本書上替我們簽名。

2021 年初，我進入博士班，選修兩門龐老師的課，一門是國家發展與中國大陸研究所博士班的「兩岸關係專題研究」，另一門是老師在政治所碩博合開的「大國關係與中國政經專題研究」。記得每次上課，課程結束時，有幾位同學會追著老師請教關於國際政經與兩岸相關的問題，之後同學也會一起陪著老師搭電梯到一樓。而每次下課，都可以看到師母開車來接老師，有時師母已經等在外頭，有時我們陪著老師等一兩分鐘，師母的車便到了。

周末的上課場地是由蔡淑君學姐幫忙借用、提供，2022 年初，學校已經替龐老師在下半學年安排了兩門課，讓同學可以預選；由於臨近期末，提供上課場地的工作人員問下學期是否會繼續借用教室，我請教老師，龐老師回覆說先請保留，可見老師是想繼續教我們的。

　　我們知道老師這兩年身體不適，但他在跟同學聊天時總說正在積極接受治療，要我們別擔心。因為教室裡沒有麥克風，有時候老師擔心距離比較遠的同學聽得不夠清楚，常提醒如果聽不清楚要即時反應。老師也多次表示，來給同學上課，有助於恢復健康。

　　最後一次上老師的課是 1 月 8 日（周六），那天同學在報告中用了鬼滅之刃的梗圖，老師聽著聽著便笑了，一直微笑著聽完同學的報告。為了便於上課協助老師操作電腦，我就坐在老師旁邊；那天課間休息時，有一位同學要求跟老師合影，我連著幫他們拍了兩張照片。

　　龐老師長期關心兩岸關係，致力於兩岸和平發展，同學們經常傳閱老師寫的文章，大家都對老師紮實的學問與堅持的勇氣敬佩不已。龐老師這一代人為中華民國鞠躬盡瘁，看到如今的台灣，亂象叢生，兩岸分裂對峙，一定痛心不已。「不公不義的台灣，我生不如死」，這是老師所留下的喟歎，而「我們能做的，就是留下有生力量，等待歷史契機的到來。」

　　夜黑了，天又更冷了些，中國文化大學社科院大成館的長廊上，彷彿看到龐老師依然西裝筆挺，面帶微笑，迎面走來。

　　老師，願您安息！

原點

我的父親──
一個執著的忠黨愛國者

龐建國

我的父親，龐謀通先生，是廣東省陽江縣城北鄉獨洲村（現已改為陽江市三江中間村）人，生於民國前三年五月二十八日，卒於民國八十一年七月七日，享年八十四歲。

回顧父親的一生，經歷了兩種非常不同的時空環境和生命情調。前半輩子扛著步槍，在戰亂中奔波；後半輩子，拿起教鞭，在恬靜中悠遊。不過，無論是在隆隆炮聲中，還是在朗朗書吟裡，父親總是緊守著他那一份對於中華民國和中國國民黨無休無止的愛，不怨不悔的忠，在這一份忠黨愛國的情懷裏，我看到了一個平凡人不平凡的執著。

受到這份忠愛的感染，復國哥哥在高中畢業時，以第一志願投考陸軍官校；受到這份忠愛的感染，我在中興大學應用數學系畢業之後，轉唸臺灣大學的三民主義研究所。的確，沒有父親的薰陶，不會有復國哥哥的立志從軍報國；沒有父親的薰陶，不會有我從自然科學走向社會科學的轉折。

父親的忠黨愛國多少來自於遺傳和庭訓。先祖父貽慈公是同盟會會員，曾經參加黃花崗之役。他雖然未在這次起義中，與七十二烈士一起捐軀，而在事敗後回到老家避風頭。但是，當辛亥革命武昌起義的消息傳到家鄉之時，祖父立即結合了地方的志士響應舉事，卻在這次的行動中壯烈成仁了。這時候，父親年僅三歲。且是家中唯一的男丁。

　　不過，由於從小聽先祖母葉秀芝女士講述先祖父的事蹟，使得父親在很小的時候就立志要承繼祖父的革命衣缽。所以，當成年之後，雖是家中獨子，還是毅然決然的投筆從戎，於民國十七年二月考入黃埔軍校，成為第七期的學生，並於同年十一月加入中國國民黨。

　　民國十九年九月父親從黃埔軍校步科畢業，開始了他戎馬倥傯的軍旅生活。在駐紮廣東省惠陽縣的時候，認識了當時在惠陽女子師範學校念書的母親鐘綺琴女士。經過一番熱烈地追求，特別是在先外祖父鐘永華先生的身上下功夫，父親終於贏得了母親的芳心和先外祖父的首肯，而在民國二十五年三月二十九日和母親結褵於廣州。為了彰顯革命兒女的情感和告慰先祖父在天之靈，父母親還特地在結婚當天到黃花崗上七十二烈士墓前憑弔追思。婚後，大姊惠萱、二姊樂萍和大哥信卿相繼於對日抗戰期間出世。

　　抗戰勝利時，因為有傳聞說駐海南島的某些日軍部隊寧死不降，所以，該地的接收工作無人敢去。父親當時以中校軍階自告奮勇前往受降，順利完成了任務，並且對日軍的饋贈一介不取。因此獲得了褒獎，晉升上校，其事蹟也上了廣州的報紙。

　　神州變色之前，一方面因為幼年子女較難適應軍旅生活，另一方面先祖母和先外祖父母希望能含飴弄孫，乃分別將惠萱大送至外祖父母處，樂萍二姐和信卿大哥送回祖母處。不料，此一安排竟使得骨肉乖離了將近四十年。直到民國七十八年母親至大陸探親，才再度見到了三位兄姐。而父親則因為國共不兩立的執著，始終不肯回大陸探親。也因此，在日夜懸念的三個子女中，只見到了民國七十九年來台探望父母的大姊。

　　大陸撤退時，父母親並沒能直接來臺灣，而是追隨黃杰將軍進入越南，並以越南富國島滯留了三年多。在這段期間裡，父親奉命設立了留越國軍子弟學校，和母親一起教導留越國軍的子女讀書識字。由於這段經歷，使父親對春風化雨的工作產生了興趣，為後半輩子的生涯寫下了序曲。同時復國二哥也在富國島的潮聲椰蔭裏誕生。

　　民國四十二年，父母親和許多留駐富國島的袍澤進行了長期的絕食抗議，要求離開越南，前往復興基地臺灣，他們的執著與堅持，引起了國際輿論的重視，終於迫使法國人同意將富國島的國軍送來寶島，父母親才結束了異域勾留的生活。建國也在這年八月出生于苗栗縣卓蘭鎮。

　　民國四十五年，父親以上校軍階退伍，隨即轉至台南縣佳里鎮省立北門農校（後來改為農工職業學校）教書。由於喜愛這個學校的教學和生活環境。所以，一直到退休時，都沒有考慮過要離開。退休後，父親曾至台南市私立瀛海中學續教了一陣子，然後才完全退休。在北門農校期間，父親曾經前後擔任過訓導主任和教務主任，並重新為這個學校撰寫了校歌的歌詞。

　　剛退休時，父親曾有一段時間不太能適應退休後的生活。不過他很快地找到了適應的方法。於是，原先從來不下廚房的父親，開始照著食譜學做菜肴和點心；原先只看報紙國內要聞版的父親，開始看地方新聞和副刊；原先討厭電視連續劇的父親，也開始會隨著劇情唏噓一番。當區黨部有活動時，他一定報到；當陽江同鄉會在臺北歡宴回國慶祝光輝十月的海外鄉親時，他一定遠從南部趕來捧場。由於他的精神身體比他的實際年齡要年輕硬朗許多，所以，有些父執輩戲稱他為「小鋼炮」。

　　可是，總民國七十九年起，父親的體力開始明顯的衰退。民國八十年春天以後，更出現了手腳不聽使喚的現象，而不得不躺在床上，由母親來照顧他一切的飲食和衛生。復國二哥大約每週兩次回家幫忙處理一些比較粗重的照護工作，我因為臺北雜務較多，只能在偶爾南返時，為父親理理頭髮，刮刮鬍子。

　　躺在床上的父親雖然體力漸漸衰退，意識也常顯得模糊，但是，氣色一直都還不錯。所以，我們也一直認為他的身體還能再撐一陣子，好讓正在申辦來台手續的二姐和大哥也能和他見上一面，卻不料他走的比我們預期的要早。

　　七月七日中午時分，父親突然出現呼吸不順暢的現象，經過一陣努力之後，還是緩緩地停止了呼吸，闔上了雙眼，安然的走了。

　　辦完了南部喪事之後，有些父執輩認為父親一生為黨國奉獻，應該有一個比較正式的公祭。經與母親和二哥商量之後，決定在八月二十三日金門炮戰勝利紀念日這天為父親開弔。我們相信，像父親這樣一個執著的忠黨愛國者，一定會喜歡這個有意義的日子的。

我的母親——
一位融和傳統與現代的女性

龐建國

我的母親，鐘綺琴女士，是廣東省惠陽市人，生於民國八年農曆八月二十二日，卒於民國九十六年六月一日（農曆四月十六日），享壽八十九歲。

母親的一生，度過大陸的戰亂，熬過異國的流離，經歷了起飛前臺灣的克難艱苦，見證了起飛時臺灣的欣欣向榮，然後，在不確定年代下的台灣，走過生命最後的歲月。終其一生，母親最重要的角色是平凡地融和了傳統與現代婦女的美德，影響了我的一生。

母親畢業於廣東省惠陽市惠陽女子師範學校，在同一個時代的女性中，是較少見的高學歷女性。雖然，這項學歷並沒有派上用場讓她在事業上有一番成就，但是，卻讓她在相夫教子的過程中，有超乎一般女性的見識，成為家中重要的支柱。同時，也讓母親在地方性的婦女活動中，成為意見領袖之一。

我的父親，龐謀通先生，畢業於黃埔軍校七期，在隨部隊駐紮惠陽市的時候，於風光明媚的惠州西湖畔，認識了當時在惠陽女子師範學校唸書的母親。年青的軍官除了對秀麗端莊的女學生展開熱烈的追求之外，更在女學生的父親－先外祖父鍾永華先生－身上下工夫，終於贏得芳心，獲得首肯，成就一段美滿姻緣。後來，母親常說，雖然她接受了現代教育，擁有當時相對進步開放的思想，然而，她還是信服「在家從父，出嫁從夫」的傳統理念，所以，父親懂得在外祖父身上下手，是他

能夠擊敗其他競爭者很重要的原因。

先祖父龐貽慈先生是清末新軍，同盟會會員，參加過三二九黃花崗之役。他雖然未在這次起義中與七十二烈士一起捐軀，而在事後回到老家避風頭，但當辛亥武昌起義的消息傳到家鄉時，他結合了地方志士響應舉事，卻在這次的行動中壯烈成仁。受到祖父事蹟的影響，父親一生忠愛中華民國與中國國民黨，「出嫁從夫」的母親也因而成為一位忠黨愛國的女性，她和父親結婚的日子就是民國二十五年三月二十九日，並且在結婚當天就到黃花崗七十二烈士墓前憑弔追思。

父母親結婚後，大姊惠萱、二姊樂萍和大哥信卿相繼於對日抗戰期間出生。此時的母親，由於學歷知識高於家族中大多數的成員，所以，除了要孝敬婆婆和養育年幼的子女外，還得協助排難解紛。母親現代婦女的賢淑能幹在這時候充份展現，家族裏的長輩在很多時候都會來請教這位年輕媳婦的看法，而母親的見解也常常獲得族人的認同。

抗戰勝利時，因為有傳聞說海南島的某些日軍部隊寧死不降，所以，該地的接收工作無人敢去。父親當時以中校官階自告奮勇前往受降，親朋好友大多勸阻，母親雖也擔心，但深知父親忠黨愛國的執著，所以，以準備好一切的態度來支持父親的決定。結果，父親順利完成了任務，并且對日軍的饋贈一介不取，因而獲得褒獎，晉升為上校，事蹟也上了廣州的報紙。

神州變色之前，一方面因為幼年子女較難適應軍旅生活，另一方面先祖母和先外祖父母希望能夠含飴弄孫，父母親乃分別將惠萱大姊送至外祖父母處，樂萍二姊和信卿送回祖母外，不料骨肉竟因而乖離了將近四十年。台灣開放大陸探親之後，

父母親雖然都十分想念大陸親人，但父親總對探親之旅相當躊躇，這時，母親再度展現她現代女性的物質，在民國七十八年勇敢地只身踏上探親之旅，見到了住在深圳的大姊和陽江市老家的二姊與大哥，把家鄉的情形帶回給父親，也讓一輩子再也沒有回到故鄉的父親稍稍釋懷。

大陸撤退時，父母親並沒能直接來台灣，而是追隨黃杰將軍進入越南，並於越南富國島滯留了三年多。這段期間，父親奉命設立了留越國軍子弟學校並擔任校長，母親則擔任老師之一，一起教導留越國軍的子女讀書寫字，而復國二哥也於此時在富國島的潮聲椰蔭裏出生。

民國四十二年，父母親和許多留駐富國島的袍澤進行長期的絕食抗議，要求離開越南，前來台灣。他們的執著與堅持，引起了國際輿論的重視，終於迫使法國人同意將富國島的國軍送來寶島，父母親才結束了流離異域的生活。這一年八月，建國出生於苗栗縣卓蘭鎮。

民國四十五年，父親以上校官階退伍，隨即轉往台南縣佳里鎮省立北門農校教書。此時，母親也曾發揮所長至佳里鎮的塩內國小任教。不過，也就在這段時間裏，我經常感冒生病出些小意外，父親就勸母親放棄教職全心持家。在家庭與工作間，母親是相當掙扎的，畢竟，教書是她喜歡的志業，而教員的收入在那個年代也能對家計大有幫助。但是，看著她疼愛偏憐的么兒常常跑到教室旁淚眼汪汪地望著她，為著身上的小病小痛企求她的撫慰，她終於決定放棄事業，好好照顧兩個兒子，尤其是還沒上學的我。在傳統與現代的衝突中，為了我，母親選擇了扮演傳統型賢妻良母。

多年以後，當我在學業和工作上稍有成就之時，母親才把這段心路歷程告訴我。儘管母親強調，她並不後悔當初的決定，因為犧牲事業的結果，她換得了兩個在充份母愛中長大，因而成長過程不曾出過什麼差錯的兒子。但是，我知道，在母親的內心深處，其實總埋藏著些許的遺憾。

北門農校的宿舍座落在學校的實習農場旁，與一條小溪、一洼魚池、幾畝農地、數棵大樹為伴，環境清幽，饒富野趣，是母親一生當中住過最久的地方。從民國四十七年舉家搬來，到民國八十一年七月七日父親逝世，母親在那兒渡過三十多年的光陰。在那兒，母親看著我和復國二哥長大，到復國二哥娶妻生子另立門戶，到我從美國留學回來到台灣大學任教，到父親逐漸衰老。

在農舍居住的日子裏，除了相夫教子之外，母親也是國民黨地方黨部和婦女會的義務幹部。她的溫婉賢淑與熱心善良贏得了地方人士的尊敬，所以，先後在佳里鎮和台南縣被推舉為鎮上的模範家庭。

父親過世後，母親北上與我同住。由於台灣政治情勢變化，原先只想在學術領域報效國家的我，因緣際會地投身選舉，走上從政之路。對於我離開校園跨入政壇，母親心中雖然不太贊成，但是知道我的決定之後，她所做的，就是全心全力的支持。

在母親晚年的歲月中，最令她欣慰的事情之一，應該是我和秀珍長達十一年的愛情長跑，終於步入了結婚禮堂。母親很喜歡秀珍這個媳婦，除了秀珍本身就很容易讓人喜歡之外，我體會到母親在秀珍身上看到了自己放棄了的那個自我－那個勇於追求自我實現的現代女性。

　　去年底，母親的膽囊炎復發，經歷割除膽囊的手術之後，身體狀況不復以前。幸得菲傭敏達悉心照顧，精神狀況還不錯，我和秀珍都認為她還可以在人間多逗留一些時日。六月一日一早我去學校教課前，向她問安，半夢半醒間的她還向我點點頭、笑了笑。中午回到家，看她似乎還在睡眠中，就沒有吵醒她。剛離開家趕赴中午的一個約會不久，敏達打我的手機，說她要叫醒母親吃點東西，卻發現母親的狀況不好。我趕回家，母親氣息尚存，但已相當微弱。我不斷在母親的耳邊鼓勵她努力吸氣，但是，母親還是在我的懷中慢慢失去了氣息，安詳地離開人世。

　　母親過世後，我和復國二哥商量，決定將暫厝佳里鎮善行寺的父親骨灰迎上來，與母親的骨灰一起供奉到台北縣三芝鄉的北海福座，讓倆老一起徜徉在青山大海之畔。大陸上的兄姊都贊成我們的作法，只是期盼兩岸早日暢通，他們可以很方便地來台祭拜父母親，相信這也是倆老在天之靈的共同願望。

財團法人孫中山紀念圖書館文教基金會

財團法人華聚產業共同標準推動基金會

首席創業投資股份有限公司

社團法人中華兩岸養老產業發展協會

史記文化事業有限公司

感謝以上單位的支持協助
使本書得以順利出版

永不放棄

主　　編　龐建國紀念文集編輯委員會

總 策 劃　邱秀珍

文章撰述　周陽山、邱秀珍、龐復國、郝龍斌、趙少康、宋楚瑜、
　　　　　趙建民、馬英九、高孔廉、葛永光、邵宗海、李復甸、
　　　　　廖達琪、杜震華、李炳南、曲兆祥、白中琪、林奕華、
　　　　　李永萍、林坤銘、謝明輝、呂庭華、廖肇弘、黃明發、
　　　　　林定芃、徐世勳、蔡俊榮、王佳煌、丁萬鳴、杜保瑞、
　　　　　范姜泰基、張斯綱、蔡淑君、洪耀南、張倫、莊廣源、
　　　　　李正言、袁鈺鈞、吳靜君

策 　 劃　陳迪暘、李恂怡

編 　 輯　馮逸雯

執行編輯　林則宏、吳靜君

封面設計　劉思函

美編設計　陳仲禹

出 　 版　史記文化事業有限公司

　　　　　10364 台北市大同區承德路二段 215 號 7 樓之二

　　　　　電話（02）2321-0906

　　　　　傳真（02）2393-6660

印 　 刷　承竑設計印刷有限公司

　　　　　23154 新北市新店區安德街 71 巷 24 號 6 樓之一

　　　　　電話（02）2212-7818

　　　　　傳真（02）2212-7718

定 　 價　新台幣 580 元

出版日期　111 年 11 月 12 日　初版

國際書號　978-986-06447-3-9

國家圖書館出版品預行編目（CIP）資料

永不放棄　／　龐建國紀念文集編輯委員會主編.
-- 初版. -- 臺北市：史記文化事業有限公司,
民111.11　面；　公分
ISBN 978-986-06447-3-9（精裝）
1.CST: 龐建國 2.CST: 臺灣傳記 3.CST: 文集
783.3886　　　　　　　　　111018862